新学习/新教学译丛　盛群力　滕梅芳　主编

学习的门道

探秘认知负荷理论

[澳大利亚] 奥利弗·洛维尔　著
（Oliver Lovell）

李　爽　盛群力　译

教育科学出版社
·北　京·

献给奶奶和鲍勃

目 录

第二部分

优化内部认知负荷 25

第三部分

减少外部认知负荷 59

丛书前言

汤姆·谢林顿
（Tom Sherrington）

当我们看到《罗森海因教学原理之应用》（*Rosenshine's Principles in Action*）这本小册子非常受欢迎后，约翰·卡特教育公司出版“教学应用攻略”的团队提出了编写“应用（In Action）系列图书”的想法，以此来帮助教师获悉研究人员、认知科学家和教育工作者的各种想法。在教学和教育研究领域，我们一直面临的一项挑战是：从形成一套可能对教师有用的概念和结论，到教师利用这些概念和结论更有效地指导学生，这两者之间存在明显的差距。有时候，由于一路上会遇到的各种沟通障碍，可能会导致理念的最终落实与最初倡导者的初衷大相径庭。有时候，听老师讲述他们如何落实一个理念比直接从研究人员或认知科学家那里了解这个理念更有说服力，因为这样做缩短了理论与实践的差距，扫除了一些障碍。

在我们的“应用系列图书”中，作者及其合作伙伴都是和学校课堂活动关系密切的教师或学校领导。他们将学科成果转化为实践的策略，以一种我们相信能够促进教师的专业学习并最终推动其课堂实践的方式，为一系列强有力的原创理念带来了新的活力。他们这样做也是在向最初的研究人员及其研究工作表示敬意。在教育领域，就像在生活中的许多领域一样，我们正站在巨人的肩膀上。我们认为，本系列所选择的有特色的研究人员和论文，代表了近年来教育领域所做的一些最重要的工作。

出一本关于认知负荷理论（Cognitive Load Theory，CLT）应用的图书是我们最初的计划之一，奥利弗·洛维尔（Oliver Lovell）立即成为撰写该书的理想人选。他通过博客为教育界做出了非常重要的贡献，包括极具特色的每周博客“外卖”，以及非常有吸引力的“教育研究阅览室”播客。

虽然洛维尔针对许多不同的主题都分享了观点，但我第一次接触（他的想法）是通过他对约翰·斯维勒（John Sweller）的认知负荷理论的探索。在整个写作过程中，他与斯维勒的直接接触在一定程度上增加了他对概念理解的精准度，但更重要的是，洛维尔作为一名实践中的教师，他实际教学的经验能真正让认知负荷理论变得生动起来。

最后，在主编这套图书的时候，我们要感谢 2013 年由汤姆·贝纳特（Tom Bennett）发起的“教育研究”运动（the researchED movement）。我有幸出席了第一次会议。近些年，看到这场运动在日益壮大。我觉得我们很多人，包括“应用系列图书”的几位作者，都应该特别感谢“教育研究”运动为教师和研究人员所提供的分享理念和观点的平台。因此，我们很高兴能够为“教育研究”运动捐献一部分版税，以支持他们还在进行的非营利活动。

序言

约翰·斯维勒
（John Sweller）

一个教学理论要想发挥作用，有许多先决条件。其中，有两个先决条件是至关重要的：第一，理论本身需要以关于人的认知的知识为指导——人是如何学习、思考和解决问题的；第二，理论建议的有效性必须是可检验的，并且实际上已经在随机对照试验中取得了证据确凿的有益结果。认知负荷理论同时满足了这两个条件。它建立在被普遍认可的对人类认知结构假设的基础上，尤其是建立在工作记忆和长时记忆的特征以及它们之间错综复杂关系的基础上。这种认知结构被用来建构新的教学流程，然后通过与更传统的流程相比较来测试其相对的教学效果。如果一个新的认知负荷理论教学流程比目前的传统教学流程能产生更好的学习效果，则我们会发现一个新的认知负荷效应，从而建构一种基于人类认知知识和严格的有效性测试的新的教学流程。

一些研究文献介绍了全球许多研究人员使用的多种教学流程，所有这些流程都可供教育工作者使用。但有一个普遍的问题，这些研究文献主要是为有相应专业能力的研究人员撰写的，而不是为大多数没有接受过研究方面的培训，也没有时间在繁忙的教学工作中学习研究文献的教育工作者撰写的。这本书恰恰解决了这个问题。

几年前，我第一次见到了身为高中教师的奥利弗·洛维尔。他请求采访我，以便在他的博客上发表文章。我收到的此类请求远远超出我可接受的采访数量，但他的不同寻常之处在于他对认知负荷理论的相关文献相当熟悉。所以，我欣然接受了他的请求，并爽快地答应为他后来打算写的关于认知负荷理论的书提供反馈。洛维尔写的关于认知负荷理论的书就是你现在正在阅读的这本，它是为实践者准备的、区别于研究文献的书。

洛维尔不仅熟悉认知负荷理论，而且还是一位出色的作家，善于将复杂的概念转换成容易理解的叙述。我希望自己也能像他那样。同时，我也向所有希望了解认知负荷理论的教育工作者强烈推荐这本书。

致谢

奥利弗·洛维尔
（Oliver Lovell）

毫无疑问，关于这本书，我首先要感谢“认知负荷理论”的创始人、荣休教授约翰·斯维勒。正是约翰在2017年对与一位充满激情的年轻教育者互动所抱有的开放和积极的态度，促成了我们的第一次讨论。也正是这次讨论，以及据此发表的博客文章[1]，让我有机会写下这本书。在2019年年末，约翰接受了为我的书提供反馈的请求。在这本书的写作过程中，他成了我的挚友，并给我提供了具体的指导和高质量的反馈，这让我非常感激。

在整个过程中，约翰的反馈直接而清晰，他指出了我的误解，也指出了读者可能会产生的误解，并随时提供实用的和可操作的建议。常常是我一次给约翰发几千字，他会在几个小时内回复，给出详细的建议，每条建议都能使书的质量得到巨大的提升。如果没有约翰提供的支持，这本书绝对不可能像现在这样真

① 可在以下网址获取：https://www.ollielovell.com/pedagogy/johnsweller/。

实、准确地阐述认知负荷理论。约翰还为本书慷慨赠序，这真是一件锦上添花的事情。我将永远感谢约翰为支持本书写作所做的付出，我希望这本书能把他的研究成果带到全世界更多的课堂上，让人们能在未来的许多年里受益。

同时，我对汤姆·谢林顿表示由衷感激。当决定在大获成功的《罗森海因教学原理之应用》出版之后再出一本以实践方式总结认知负荷理论的书时，汤姆想到了我，并相信我可以完成这个挑战。在整个审稿过程中，汤姆给予了我极大的支持，为我提供了切实可行的指导和建议，帮助我改进这部书稿，使之更容易为教师接受，并更好地体现我自己的想法。

我还要感谢约翰·卡特教育公司，特别是其中的亚历克斯·夏拉特（Alex Sharratt）和乔纳森·巴恩斯（Jonathan Barnes），他们在整个过程中一直表现得非常积极、专业和灵活。我建议任何对教育书籍或资源有好的想法的教师或其他教育工作者都可以联系约翰·卡特教育公司，我对与他们的合作感到非常满意。也正是约翰·卡特教育公司协助我与奥利弗·卡维格力奥利（Oliver Caviglioli）取得了联系，他为这本书创作了精美的插图。我很感谢奥利弗·卡维格力奥利为本书所做的出色工作，以及他对教育和信息呈现的巨大贡献。

在本书的审稿阶段，还有其他许多人做出了贡献，他们每个人都慷慨地付出时间来阅读全部或部分手稿，并提供周到的建议。我要表示感谢的有：布朗温·瑞里·琼斯（Bronwyn Ryrie Jones）对导论提出了建议。苏·杰拉德（Sue Gerrard）与我进行了一些关于生物学原发知识与次生知识区别的启发性对话（我计划在未来继续探索这个话题）。詹姆斯·曼尼恩（James Mannion）与我就一般领域技能与专门领域技能的可教性进行了交流。杰伊·麦克泰（Jay McTighe）和加布里埃尔·帕尔默（Gabriel Palmer）在整个过程中提供了周到的注解，特别是他们对提高冗余效应和通道效应之间区别的清晰度给予了提示。林恩·斯通（Lyn Stone）指出了我对牛津逗号的使用不统一，并给出了其他标点符号的使用提示。

里德·史密斯（Reid Smith）建议我在关于切块教学的章节中加入戴西·克里斯托杜洛（Daisy Christodoulou）的马拉松例子作为参考。本·托马斯（Ben Thomas）提供了艺术实例方面的帮助。朱迪·霍奇曼（Judy Hochman）与我就认知负荷理论和《写作革命》（*The Writing Revolution*）[①] 之间的关系互通信件。迈克尔·佩尔尚（Michael Pershan）对样例演示一节提出了很好的建议（我热切地期待迈克尔探讨这个问题的书的出版）。温迪·泰勒（Wendy Taylor）为我指出了一些盲点，帮助我修正措辞，他是我所在地区数学教师群体中一个非常棒的支持者和社区

① 这是我遇到过的关于教学生如何写作的最好的书。

建设者。布林·亨伯斯通（Bryn Humberstone）重点阅读了自由目标效应和自我解释章节的内容，并提供了一些宝贵的想法。托马斯·菲思（Thomas Firth）和塔尔·埃利森（Tal Ellinson）对最后的校样提出了宝贵的意见和建议。在此，对以上诸位表示特别感谢。

亚历山大·伦克尔（Alexander Renkl）对自我解释一节给予了精确的反馈，他还同我对自我调控的内容进行了引人入胜的交流。迪伦·威廉（Dylan Wiliam）提出了“通过良好的课程安排优化内部认知负荷，通过良好的教学设计减少外部认知负荷”[①]，并且他在自由目标效应一节中分享了他为什么认为认知负荷理论是教师需要知道的最重要的一件事。凯瑟琳·斯科特（Catherine Scott）和史蒂夫·迪纳姆（Steve Dinham）仔细阅读了本书的最终手稿，他们从我教学生涯的早期就开始不断为我提供支持和鼓励，还帮助我建立了“教育研究阅览室”播客（史蒂夫自告奋勇成为第一位嘉宾），这个项目以我无法想象的方式发展了我的专业知识和职业生涯。在此，也对以上诸位表示特别感谢。

① 迪伦表示，这句话并非他原创，但却是他引起我注意的一句话。

最后，非常感谢支持我的家人马德琳（Madeleine）、马尔科姆（Malcolm）、埃利奥特（Elliott），以及我的好伴侣霍莉（Holly）。正是因为你们多年来的爱和支持，我才有信心完成这样一个挑战，我非常感谢你们一直鼓励和支持我去追逐梦想。

导论

为什么认知负荷理论对教师很重要？

大约在 2017 年 1 月底的某个时候，我在网络上浏览时，发现了以下大胆的说法：

> **迪伦 · 威廉**
> 我得出的结论是，斯维勒的认知负荷理论是教师要知道的最重要的一件事。

老师们都会关注迪伦 · 威廉在网络上发的推文，我也不例外。在接下来的几个月里，受这条推文和我与日俱增的兴趣的推动，我如饥似渴地阅读了所有我能找到的与认知负荷理论有关的资料。我仔细阅读了这一方面的重要著作——斯维勒、艾瑞斯（Ayres）和卡柳加（Kalyuga）所著的《认知负荷理论》（*Cognitive Load Theory*）。我也读了斯维勒的《研究计划的故事》（Story of a Research Program），文中他概述了这个理论的起源和后来的发展。我还读博客，听播客，读学术论文。最后，在那一年的 7 月，我乘飞机去悉尼采访了约翰·斯维勒本人。

通过所有这些探索，当我成功地揭开了似乎包含核心思想的学术术语的层层面纱后①，我意识到，隐藏在其中的是一个极其丰富而强大的模型，它将从根本上改变我看待教学和学生学习的方式。以前，我看到的只是学生茫然的表情和不解的眼神，现在我开始看到我的行为和他们学习之间的因果关系。我现在更加清楚学生们困惑的来源，以及我现在可以采取的用来更好地支持他们学习的行动。

我发现认知负荷理论如此有用的一个关键原因是，与教育领域的其他研究不同，认知负荷理论在其发展过程中有一个独特的重点，即改进教学：

我们可以基于认知负荷理论提出教学建议，从而改进教学，提高教学效果。(Sweller, 2016)[11]

这本书是在斯维勒的指导下撰写的，他阅读了每一个字并提供了反馈意见。我希望本书能为那些没有时间涉猎研究、纠结于专业术语或没有机会亲自向斯维勒求教的教师们提供准确的和可操作的指导。

① 如内部认知负荷、外部认知负荷、瞬态信息、冗余和通道效应等。

如何阅读本书

本书分为三个部分。第一部分介绍了认知负荷理论的五个基本原理。这是本书最具理论性的部分，也传达了该理论的基本思想。如果你不喜欢理论，想直接进入实践策略，那么你可以直接看第二部分和第三部分，这两部分的重点是提供在课堂上应用认知负荷理论的实用建议。

对于那些想深入理解该理论的人来说，建议把这本书从头到尾读一遍，然后再回来重读第一部分。这样做，你会在首次阅读第一部分时建立起认知负荷理论的心理框架，之后通过阅读第二和第三部分了解更多关于认知负荷效应的具体例子，最后通过重温第一部分来加深对理论的理解。

无论你选择哪种方法阅读这本书，我都希望你觉得它既实用又有趣，并且希望你和你的学生都能从中受益。

第一部分

认知负荷理论的基本原理

认知负荷理论似乎很难懂。它有很多组成部分，其中一些部分——例如“人类记忆的认知结构”—— 一开始听起来相当吓人。如果没有某种框架来指导我们的理解，我们就有可能迷失方向。为了帮助我们完成这个挑战，我想出了一个快速而简单的方法来记住这个理论的五大基本原理。事实上，它就像 A、B、C、D、E 一样简单。这五个基本原理代表了支撑本书其余部分的基本思想。它们是：

◇ 架构（Architecture）：人类记忆的认知结构

◇ 生物学（Biology）：生物学原发知识与次生知识

◇ 归类（Categorisation）：内部认知负荷和外部认知负荷

◇ 领域（Domains）：一般领域与专门领域的知识和技能

◇ 元素（Elements）：元素交互性，认知负荷的来源

这五个原理共同作用，形成了**认知负荷理论的基本建议：为了提升学习效果，应减少外部认知负荷，优化内部认知负荷。**

> 认知负荷理论的基本建议：为了提升学习效果，应减少外部认知负荷，优化内部认知负荷。

如果对此你还不能理解，别担心，我们的目标是在读完本书后，你能完全理解这个建议，并能在自己的课堂上加以应用。

架构：人类记忆的认知结构

记忆系统的三个组成部分

为什么一个有经验的教师可以轻松驾驭的课堂，却让另一个刚获得教师资格的教师感到力不从心？为什么我们很难记住刚才听到的一句话？为什么学生会忘记完成看似简单的步骤，比如在计算的结尾把答案四舍五入，或者在句末加上句号？一旦我们了解了人类记忆的认知结构，这些问题就都可以得到解答。

为了思考，我们都会利用三种关键资源：环境、工作记忆和长时记忆。（Atkinson et al., 1968）

环境代表着我们头脑之外的一切，它包括互联网、书籍、杂志、其他人随时分享的知识等。了解**环境**的关键是，知道它是一个**无限的外部信息存储库**。

长时记忆是保存我们所有记忆的地方。这包括对生活事件的记忆（情境性知识），对事实性信息如国家名称的记忆（语义性知识），以及对如何系鞋带等过程的记忆（程序性知识）。据研究人员了解，人类一生所能形成的**长时记忆**是无限的。因此，长时记忆是一种**无限的内部信息存储库**。

除了环境和长时记忆，我们还有工作记忆。工作记忆是意识所在的场所，是记忆中所有思考发生的地方。与环境和长时记忆不同，工作记忆的容量被限制在四到七个信息元素的范围内。

（Cowan, 2001；Miller, 1956）实际上，你在任何时候都只能在大脑中处理这么多的信息元素。因此，**工作记忆**是我们**有限的思维系统**。

> 人类利用环境（无限）、工作记忆（有限）和长时记忆（无限）来思考。

这三个记忆组成部分在注意、学习、回忆和遗忘的过程中是相互关联的。图 1.1 展示了环境、工作记忆和长时记忆之间的一些关键相互作用。

如图 1.1 所示，我们接触环境，将新信息带入工作记忆。思

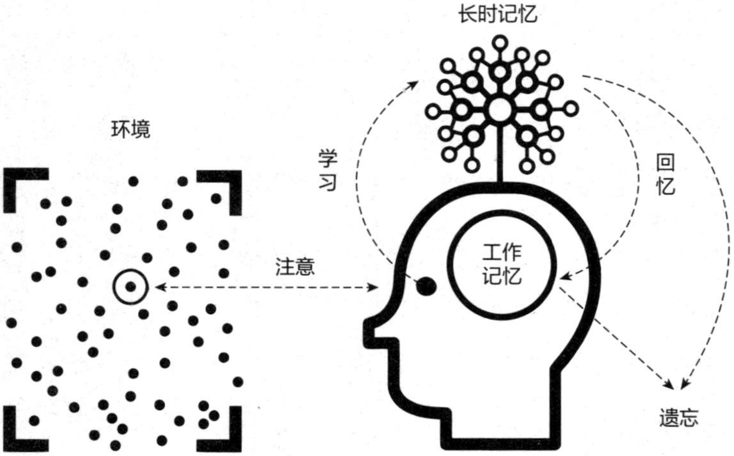

图 1.1　学习和记忆

考这些新信息并将其与先前的知识联系起来，有助于我们将信息从工作记忆转移到长时记忆。如果没有发生这种情况，信息就会从工作记忆中丢失，被遗忘。一旦信息进入长时记忆，我们就可以根据需要“记住”信息，或者，由于使用不足，我们可能会失去提取某种信息的能力，进而遗忘该信息。

> 工作记忆是我们思维的瓶颈。

因为环境的范围是无限的，而长时记忆的容量实际上也是无限的，工作记忆——我们记忆系统中唯一有限的组成部分——就像一个瓶颈。每当我们感到困惑，或者觉得大脑因为太多的想法要“爆炸”，或在阅读某些内容和听别人向我们解释难以跟上进度时，这都表示我们有限的工作记忆容量正在超载。在认知负荷理论中，**“认知负荷”**一词代表任何**占用工作记忆容量**的内容。

组块化和自动化：我们如何思考更复杂的想法

既然工作记忆一次只能处理有限数量的信息元素，那么我们如何思考更复杂的想法呢？这个问题的答案取决于一个事实，即并非所有的信息元素都是平等的。随着时间的推移，储存在我们长时记忆中的信息元素变得越来越复杂，小元素结合起来形成更大的元素。在长时记忆中，将多个较小的元素组合成一个较大的元素的过程被称为“组块化”（chunking），它使我们能够进行越来越复杂的思考。这推动了认知科学的一个关键发现，即**新信息比我们已经熟悉的信息占用更多的工作记忆容量**。

> 新信息比我们已经熟悉的信息占用更多的工作记忆容量。

举个例子，假设一个孩子学习阅读。一个还没有学会字母表的孩子会把字母“H”看成三条直线，三个不同的信息元素。在正确的相对位置上重现这三条线——写出这个对他来说很陌生的字母“H”可能是一项需要花费大力气的认知任务。然而，随着时间的推移，他会在长时记忆中把这三条线“组块化”为熟悉的字母“H”，思考或写出字母“H”将变得自然而然、毫不费力。这时的“H”就是长时记忆中的一个单一元素。

一旦对字母表中的所有字母都完成了将抽象笔画组块成字母的过程，他就会基于对每个字母的认知来熟悉这些笔画，但整个单词对他来说仍然是新的。孩子会将新词“House”（房子）视为五个熟悉元素的组合——H、o、u、s和e。此时，将这五个字母组合起来将成为认知要求很高的任务。然而，随着时间的推移，他会在长时记忆中将这些字母进一步组合为“House”这个词，思考、阅读或书写熟悉的“House”一词将变得自然而轻松。

> 我们通过组块化和自动化来减少任务的工作记忆负荷。

这种**组块化**和**自动化**的过程贯穿一生。孩子长大后可能会写关于“房子”的小说、诗歌或歌曲，也可能会解开关于“房子”的谜团，所有这些都是在他有限的工作记忆能力的限制下进行的。这就是为什么学习者能够随着时间的推移思考越来越复杂的问题。我们通过组块化和自动化来减少任务的工作记忆负荷，这是一个将耗费认知的新信息转化为长时记忆中自动化的熟悉信息的过程。

那么，为什么学生会忘记加句号呢？

我们现在拥有了回答人类认知结构这一节开始时提出的三个问题所需的知识。

为什么一个有经验的教师可以轻松驾驭的课堂，却让另一个刚获得教师资格的教师感到力不从心？

新老师不知所措，是因为他们被新的信息包围了，**这占据了相当大的工作记忆容量**。这仅仅是因为新的信息还没有经过组块化和自动化。

思考一下课堂结束时需要做的事情。如何结束一堂课，新教师可能会自忖：“好了，最后我需要在黑板上布置一道思考题，写上作业，擦干净黑板上的其他内容，把学生的作业本发给他们，检查地上是否有垃圾，要求学生站在椅子后面，另外，我还要提醒他们明天将举办游泳嘉年华。”这需要考虑很多因素，很可能会使新教师的工作记忆超载，导致一个或多个步骤被遗忘。相比之下，熟练的教师可能会将“下课”的过程组块化，并在长时记忆中作为单个或少数几个元素自动执行。他们启动了这个自动化的“下课”程序，只需单独记住一件事：“记住，同学们，游泳嘉年华明天就要开始了！”经验丰富的教师能毫不费力地完成新任教师认为难以完成的任务，因为他们已经实现了组块化和自动化。

为什么我们很难记住刚才听到的一句话？

虽然我们可能已经在长时记忆中储存了构成我们想要学习的那句话的所有单词，但这些单词的新组合很可能会超过我们的工作记忆容量。

为什么学生会忘记完成看似简单的步骤，比如在计算的结尾把答案四舍五入，或者在句末加上句号？

如果我们的学生还没有在长时记忆中把新的解题策略组块化和自动化，或者把写作过程自动化，那么到了最后一步——把答案四舍五入，或者在句末加上句号——他们的工作记忆很可能已经被眼前的任务完全占满了。工作记忆中根本没有空间让他们“记住”最后一步，他们就会忘记完成这样一个看似非常简单的最终动作。

生物学：生物学原发知识与次生知识

认知负荷理论的第二个基本原理是区分生物学原发知识和生物学次生知识（biologically primary and biologically secondary knowledge）①。认知发展和进化心理学家大卫·吉尔里（David Geary）指出了这两种知识类型之间的区别。（Geary, 2007）[1-99] 他将知识分为两类：人类进化获得的知识（生物学原发知识）和在过去几千年内才与人类相关的知识（生物学次生知识）。

根据斯维勒及其同事们所构建的理论，生物学原发知识和技能：

……使我们能够听和说，识别面孔，参与基本的社会交往，解决不熟悉的问题，将之前获得的知识迁移到新的情境中，为未来可能发生或可能不发生的事情制订计划，调节自己的思维过程以适应当前的环境。（Sweller et al., 2019）[10]

根据吉尔里的理论，学习生物学原发知识是无意识的、快速的、简单的和内隐的（无须有意识的努力）。不仅如此，"我们在习得……任何……生物学原发领域的必要技能时，不会经历明显的认知负荷"。（Sweller et al., 2011）[5]

---

① 在本书中，术语"知识"和"技能"在某些条件下可以互换使用。正如在认知结构的文本中所提到的，技能可以被认为是程序性知识。在认知负荷理论中，语义知识和程序性知识之间也没有特别大的区别（尽管有时候对认知和感觉运动技能的区分可能是必要的，比如在"想象效应"情况下就是如此）。

> 吉尔里提出，我们已经进化到能够自动化习得生物学原发知识和技能的程度。

相比之下，学习生物学次生知识是缓慢的、费力的和有意识的。生物学次生知识的例子包括中小学和大学教授的学术科目，或如何操作电脑、驾驶小汽车等。事实上，有人认为，“教育机构的发明是因为我们需要获得生物学次生知识”，而且，“生物学次生知识是我们所需的知识，因为我们的文化决定了其重要性”。（Sweller et al., 2019）[11]

> 吉尔里的理论认为，生物学次生知识和技能之所以被需要，是因为文化表明它们很重要。只有通过有意识和深思熟虑的学习，它们才能慢慢被习得。

认知负荷理论的许多支持者区分了生物学原发知识和次生知识的差异，并以此为基础提出了学校应该教授什么内容。

有人认为，因为我们已经进化到能够自动习得生物学原发知识和技能的地步，且“几乎没有证据表明这些可以被教授”（Sweller et al., 2011）[8]，所以，我们不应该费心去尝试。斯维勒及其同事在此基础上写道：

在过去的几十年里，许多教育学家正确地认识到了这种（生物学原发）技能的重要性，并主张对其进行教学。尽管这种尝试往往会失败，但这不是因为这些技能不重要，而恰恰是因为它们对人类太重要了，以至于我们已经进化到了无须教学就能自动习得它们的程度。（Sweller et al., 2019）[10]

> 知名的认知负荷理论研究者建议，教学应着重于生物学次生知识，因为生物学原发知识是无法教授的。

这是一个有争议的说法，许多读者可能会认为这是一个挑战。如果你有这种感觉，这并不奇怪。事实上，在第一部分提出的五个原理中，这是争议最多的一个。例如，吉尔里引用了“人类记忆系统是模块化设计”的观点作为理论基础，他自己也承认这个观点在该领域研究者的研究中是一个“激烈争论”的话题。（Geary, 2007）[12]

尽管围绕着吉尔里对生物学原发知识和次生知识的区分存在争议，但所有的认知负荷理论效应（本书的第二部分和第三部分将专门讨论）仍然是有针对性的和有用的，并且已通过随机对照试验得到了严格验证。本书旨在总结认知负荷理论文献中包含的关键思想。鉴于吉尔里的理论在研究中的突出地位，它是这项工作中不可分割的一部分。

归类：内部认知负荷和外部认知负荷

认知负荷理论的主要目的是研究如何最好地利用制约人类思维的有限学习资源：工作记忆。在第一部分的介绍中，我们了解到，认知负荷理论的基本建议是**减少外部认知负荷和优化内部认知负荷**。本节提供了连接这两个观点所需的知识，首先是这两个重要术语的定义。

内部认知负荷源于待学习内容的**本质**。如果要掌握待学习内容的核心思想，内部认知负荷是不可避免的，我们也希望学生的工作记忆被思考学习内容的内部认知负荷所占据。例如，为了能够阅读，学生必须学习印刷在纸上的字母组合与这些字母组合的发音之间的关系。我们无法回避这个过程：如果我们教学生阅读，把字母和它们的发音联系起来就是我们的内部认知目标。

> 内部认知负荷是与核心学习相关的负荷，它是我们希望能够占用学生工作记忆的负荷。

相反，**外部认知负荷**源于信息呈现给学生的**方式和结构**。这是教师应该尽量减少的认知负荷。例如，学习阅读时，孩子们可能会被一个单词卡住，而成年人可以提示他们通过单词附近的图片来寻找线索。虽然在某些情况下，这种“策略”[①]可能会帮助孩子们理解句子的意思，但并不会帮助他们学习阅读。这是因为阅读需要把字母和发音联系起来。发音－字母组合代表了内部认知负荷，但参考图片与将字母和发音联系起来没有关系。因此，图片对于学习阅读的目标来说是无关紧要的，甚至会阻碍学习。（Torcasio et al., 2010）

值得注意的是，这并不是说图片总是与学习无关的，而是说在学习阅读并且试图参考图片来学习的情况下，它们是无关的。这突出了另一个关键点：什么是外部认知负荷，什么不是，这完全取决于学习的目的。例如，如果我们的目标不是教阅读，而是教一个特定的故事，那么图片就会变得非常有用。在这种新情况下，图片有用不是因为它们有助于阅读，而是因为它们“绕过”了阅读的需要，让学生通过另一个渠道了解了故事的内容。

> 外部认知负荷来自教学的方式和结构，它会将学生的工作记忆资源从要学习的核心内容中抽离出来。

① 一份关于这些“策略”（例如“猜一个适合的词”）是如何让学生失败的优秀报告，可以在以下网址找到：https://www.apmreports.org/episode/2018/09/10/hard-words-why-american-kids-arent-being-taught-to-read。

最重要的是，学习者所经历的全部认知负荷是内部认知负荷和外部认知负荷的结合。换句话说，如果要进行学习，内部的和外部的认知负荷加起来不能超过工作记忆的容量。（如图 1.2 所示）这就解释了为什么认知负荷理论的核心建议是减少外部认知负荷，优化内部认知负荷。只有通过减少外部认知负荷，我们才能释放出工作记忆空间，然后将其分配给更多的内部认知负荷，从而提升学习效果。

> 如果要进行学习，内部的和外部的认知负荷加起来不能超过工作记忆的容量。为了提升学习效果，我们必须首先减少外部认知负荷，以释放工作记忆空间，然后将这些腾出的空间分配给内部认知负荷。

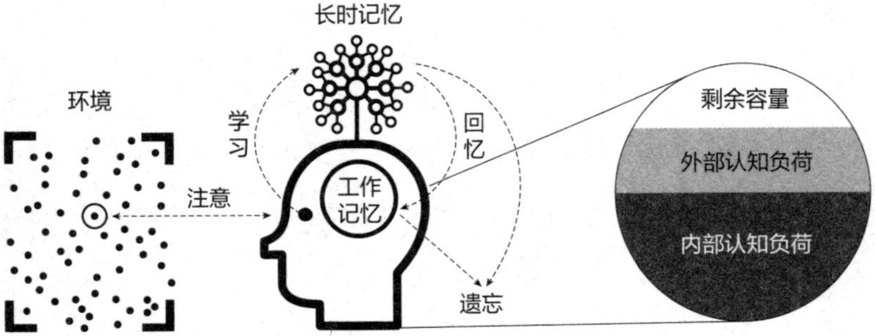

图 1.2　工作记忆包括内部和外部认知负荷，如果要进行学习，这两者之和不能超过工作记忆的容量

因此，**外部认知负荷**可以被认为是学习任务的“**泡沫**”。有时，泡沫既令人愉快又很有帮助——就像卡布奇诺咖啡上面的那层奶泡，既美味，又可以保温（比如一个与当前主题相关的关于老师经历的有趣故事）。然而，只有将泡沫保持在最低限度，并且**只在支持主要学习目标**的情况下使用时，才能实现高效的教学。

领域：一般领域与专门领域的知识和技能

我们通过认知负荷理论的第二个基本原理了解到，在认知负荷理论中，生物学原发知识与生物学次生知识的区别表明，生物学原发知识（如解决陌生问题的能力）是无法被教授的。这一观点自然而然地引出了另一个重要问题：如果我们不能教人解决问题，那么人是如何变得擅长解决问题的？

答案就在于认知负荷理论的第四个基本原理——领域。这个领域意味着一个人可以从新手成长为专家的任何领域。在此背景下，认知负荷理论文献中谈到的另一个关键区别在于，一项技能是属于一般领域的，还是属于专门领域的（当本书中使用“技能”时，它可以被认为是同时代指技能和知识，反之亦然）。

一般领域技能指的是在广泛的任务范围中适用并可广泛迁移

的一般能力。“21 世纪能力”或“就业能力”——如问题解决、创造力、沟通、团队合作和批判性思维——的教学建立在“一般领域”技能存在并且可以教授、学习和迁移的假设基础上。

相比之下，专门领域的知识和技能只适用于特定方面，如数学的某个分支、古典文学、音乐理论或国际象棋。例如，求一个函数的导数，演奏一个音阶或在棋盘上移动一个骑士，这些知识都是专门领域的。

> 一般领域技能是指在广泛的任务范围中适用并可广泛迁移的一般能力。专门领域的知识和技能只适用于特定的方面。

认知负荷理论将一般领域技能置于生物学原发知识的范畴，而专门领域技能则被认为是生物学次生知识。鉴于此，有人认为没有必要教授一般领域技能，因为我们已经进化到了无须教学就能自动习得这些技能的程度。(Sweller et al., 2019)[11] 这就回到了本节关于问题解决的那个问题。如果说一般领域技能是无法教授的，那么认知负荷理论的支持者是如何相信人们能够在诸如数学、音乐、文学或国际象棋等领域的问题解决、创造力或批判性思维方面取得进步的呢？

斯维勒及其同事给出的答案如下：“在任何生物学次生领域，我们认为新手和专家之间的主要或是唯一差异，在于长时记忆中对不同知识的掌握程度。”（Sweller et al., 2011）[21] 换句话说，要想在数学、文学或国际象棋的问题解决或批判性思维方面做得更好，唯一的办法就是学习更多数学、文学或国际象棋方面的知识。在某一个专门领域，新手和专家的主要区别在于：专家拥有更多相关的专门领域知识。

> 在某一个专门领域，新手和专家的主要区别在于，专家拥有更多相关的专门领域知识。

我们以国际象棋为例，这是一个已经被深入研究了专业知识起源的领域。（Chase et al., 1973）许多人认为，国际象棋大师的关键优势在于，他们能够比新手提前想到更多的招数。但实际情况恰恰相反：“国际象棋大师不会提前想很多步棋，而是将棋盘布局以及与这些布局相关的最佳走法的知识储存在长时记忆中。”（Sweller et al., 2011）[24] 新手必须看着棋盘，慢慢研究各种可能的棋步和可能的后果，而专家只需认出棋盘的位置布局，并从长时记忆中选择一种在这种情况下能想到的好棋。他们已经实现了对下棋知识的组块化和自动化，这使得他们能够在更短的时间内做出更好的决策，有时甚至能够在有限的工作记忆容量内同时下几盘棋。简而言之，“新手需要使用思考技能，专家则使用知识”。（Sweller et al., 2011）[21]

在上面的例子中，我们谈到的是国际象棋专家储存在长时记忆中的棋盘布局和相关的有价值的棋步，其实对于其他领域的专家也是如此。然而，比起棋盘的布局和招数，我们可以更普遍地认为，一个专门领域的专家在他们的长时记忆中储存了大量的**情境**和**相关行动**。专家通常还能解释为什么这些“情境→行动”组合是有意义的，如何从基本原理中重新推导出这些组合，并解释其背后的机制。但其实这些“情境→行动”组合已经在长时记忆中被组块化和自动化了的事实，对专家在特定领域的高水平表现是至关重要的。

我们可以在各种情况下认识到这些“情境→行动”组合，在每一种情况下，专家都会**识别**一种情境并**执行**适当的行动。例如，一个作家想在某个段落中制造悬念，所以采用缩短句子的写作策略；一个即兴演奏的音乐家能够辨别一首歌的调子和听众的情绪，然后演奏适合这种情境的音符组合；一个有经验的股票经纪人可能会识别出价格图表中的趋势，然后使用一种有最大可能获利的交易算法。总之，“为了获得真正的能力，我们还必须学会识别大量的问题状态和情境，以及决定在面对这些状态和情境时我们应该采取什么行动”。(Sweller et al., 2011)[24]

因此，认知负荷理论针对“如果我们不能教人解决问题，那么人是如何变得擅长解决问题的？”这个问题的回答如下：就像你不可能成为所有事情的“专家”一样，你也不可能被教导在所有事情上都具有“创造性”，或者在各方面成为一个优秀的“问题解决者”。专业知识是专门领域的，它依赖于长时记忆中与特定领域相关的知识。正如该论点所言，提高个人专业能力的唯一途径是在特定领域努力，并通过增加自己在该领域的知识来做到这一点。

简单来说，“教学的目的是增加长时记忆中的知识储备”。（Sweller et al., 2011）[24]

元素：元素交互性，认知负荷的来源

为什么有些材料比其他材料更难学？这就是认知负荷理论的最后一个原理能够回答的问题。

要进行任何学习，都必须在工作记忆中考虑并关联许多新信息元素，然后将其纳入长时记忆。在学习任务中，学生需要思考的新信息元素越多（在工作记忆中处理），这些元素之间的关系越复杂（交互的次数），学习任务的挑战性就越大。在认知负荷理论中，与更多元素和更多交互相关的更高认知负荷被称为“元素交互性”（element interactivity）。**元素交互性是所有内部和外部认知负荷的来源。**

> 元素交互性是所有内部和外部认知负荷的来源。

针对元素交互性低的材料，学生可以独立学习。例如，一个学生可以将一个单词从英语翻译为波兰语，如 cat 译为 kot，而不需要学习任何其他的波兰语单词。同样，一个学生可以学习一个简单的乘法算式，如 $2\times3=6$，或者在地图上指认出一个国家，而不需要学习任何其他的乘法算式或任何其他国家的地理位置。所有这些材料的元素交互性都很低，因此学生都可以单独地学习，由此带来的认知负荷也很低。

相反，元素交互性高的材料包含多个元素，必须同时处理这些元素才能进行学习。例如让学生根据地图指出波兰的首都华沙的地理坐标。

让我们看一下学生完成这项任务可能需要的信息元素清单，他们需要同时识别和思考：

◇ 地图上的哪个轮廓代表波兰。

◇ 华沙位于波兰的什么位置。

◇ 地理坐标是两个值的集合，一个代表纬度，一个代表经度。

◇ 纬度由纵轴上的数字和字母组合而成。

◇ 一个位置的纬度是通过从该位置画一条水平线到纵轴，并记录所得到的字母和数字来找到的。

◇ 经度由横轴上的数字和字母组合而成。

◇ 一个位置的经度是通过从该位置向横轴画一条垂直线，并记录所得到的字母和数字来找到的。

◇ 当所找的位置在地图上的纬度线和经度线之间时，必须进行估算。

◇ 在书写最终地理坐标时，先写纬度，后写经度。

虽然答案很简单，“华沙的地理坐标是（52ºN，21ºE）”，但可能需要背景知识不足的学生同时处理上述九个信息元素才能找到答案。这是一项对认知要求很高的任务，可能会使学生的工作记忆负荷超载。

“可能需要的信息元素清单”这句话是有目的的，因为“这些元素的数量只是基于一种对学习者知识的假设做出的估计”。（Sweller et al., 1994）[191] 重要的是，一项任务的元素交互性既取决于任务的固有性质，也取决于学习者的知识背景。如果学习者已经知道哪个轮廓代表波兰，那么在这个学习任务中他们就少了一个必须处理的元素。如果他们已经了解了纬度要写在经度之前，这又是一个可以从清单中剔除的元素。在极端情况下，对于一个已经知道华沙在哪里并且知道如何寻找和表示坐标的领域专家来说，那么需要处理的信息元素就只有一个了，这个任务的元素交互性就变得很低了。

由于上例中的九个元素都与手头的任务直接相关，因此它们都是构成内部认知负荷的元素。如果任务的内部元素交互性太高，教师有责任改变学生的学习安排，使任务负荷处于学生的工作记忆范围内。**简单地说，适当的课程安排可以优化内部认知负荷。**本书第二部分提供了实现这一目标的策略，如预先教学、切块教学、排序和组合等。

在其他情况下，学习活动的某些元素可能与手头的任务无关。在这种情况下，教师的职责还包括减少这些元素。**简而言之，良好的教学设计可以最大限度地减少外部认知负荷。**这是本书第三部分的重点，其中将讨论外部元素交互性的常见来源，如冗余、分散注意力和瞬态信息等。

> 内部认知负荷通过适当的课程安排得以优化，外部认知负荷则通过良好的教学设计降到最低。

认知负荷理论的教学建议旨在改变学习任务中有交互作用的元素数量。

总结认知负荷理论的基本原理

这就是认知负荷理论的五大基本原理：

◇ 架构（A）。我们结合环境中的信息、长时记忆和有限的工作记忆（认知的瓶颈）来思考。我们通过对长时记忆中的信息进行组块化和自动化来突破工作记忆的限制。

◇ 生物学原发知识与次生知识（B）。吉尔里（Geary, 2007）[1-99]提出，我们已经进化到无须教学就能学习生物学原发知识的阶段，而生物学次生知识则是大多数学校教学的重点，因为这些知识是必须教授的。

◇ 将认知负荷分为内部的和外部的（C）。如果认知负荷是直接由待学习的内容产生的，那么它就是内部的；如果认知负荷与其他内容有关，那它就是外部的。认知负荷理论的关键思想是尽量减少外部认知负荷，优化内部认知负荷。

◇ 一般领域知识与专门领域知识（D）。一个人不可能在所有领域都成为精通“问题解决”或具有“创造力”等一般技能的专家。相反，我们只能获得专门领域的专业能力，而这种专业能力是通过增加我们在该领域的知识来获得的（通常以“情境→行动”组合的形式实现）。

◇ 元素交互性（E）。材料是难学还是易学，取决于内部交互元素的数量。交互元素的数量取决于任务本身，以及学习者的现有知识。内部的交互元素可以通过良好的课程安排来控制，而外部的交互元素可以通过良好的教学设计来降到最低。

关于认知负荷理论，想要探讨的东西有很多，但希望A、

B、C、D、E 记忆法能让这些概念更容易被记住。也许还缺少一样东西：认知负荷理论本身的简明定义！用一句话来说：**认知负荷理论是建立在人们如何学习的知识之上的一组教学建议。**现在我们把注意力转向这些教学建议。

> 认知负荷理论是建立在人们如何学习的知识之上的一组教学建议。

第二部分

优化内部认知负荷

何时优化内部认知负荷

我们在第一部分了解到，认知负荷理论的核心建议是减少外部认知负荷，优化内部认知负荷。我们需要优化而不是简单地减少内部认知负荷，这意味着，根据不同的情况，内部认知负荷可能需要增加、减少或维持。我们可以借助长条图来清楚地表示工作记忆的局限性，以及内部和外部认知负荷之间的平衡。

首先，将工作记忆视为一个容量有限的空盒子，如图 2.1 所示。正如我们所知，这个盒子的容量是有限的，如果超过了这个容量，学生就会出现认知过载，学习就会受到影响。

标准教学可能如图 2.2 所示，工作记忆被产生内部认知负荷的元素占据了一部分，被产生外部认知负荷的元素占据了一部分，还有一小部分剩余的容量。

图 2.1　工作记忆容量

图 2.2　标准教学

如果我们想提高这一教学的有效性，最好减少外部认知负荷（全部消除无疑是一件好事，但这几乎是不可能的），并增加内部认知负荷，以便学生充分利用工作记忆容量进行学习。提高教学有效性如图 2.3 所示。

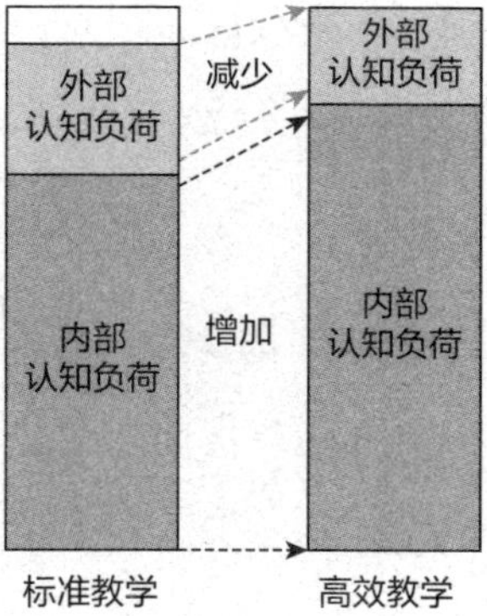

图 2.3　提高教学有效性

为了使这个理念更具体，我们设想下面一种场景。学生正在阅读一本关于原子模型的书的章节，其中包括了一个有趣但无关的边栏，其详细介绍了荷马·辛普森（Homer Simpson）如何支持一个以原子模型为标志的运动队。这个边栏代表着外部认知负荷，所以如果把它去掉（或者让学生忽略它），就能将被用于这些无关紧要的细节的工作记忆容量释放出来。这些被释放出来的工作记忆容量就可以分配给内部认知负荷，比如用于学习更多的章节内容（Bender et al., 2021）。

这代表了一种情况，即通过减少外部认知负荷和增加内部认知负荷来提高教学效率。反之亦然。

想象另一个场景。学生的认知超负荷了，他们正被要求在地图上找华沙的经纬度，这项任务的复杂性和难度压得他们喘不过气来。

教师可能已经尽量减少了外部认知负荷，并努力完善了教学内容，但学生的工作记忆可能仍然超负荷。在这种情况下，使学生能够有机会完成任务的唯一方法是减少内部认知负荷，例如通过分割任务——让学生先只找到纬度——或使用本章其余部分所述的其他方法。这种减少内部认知负荷，使总认知负荷控制在工作记忆容量范围内的做法如图 2.4 所示。

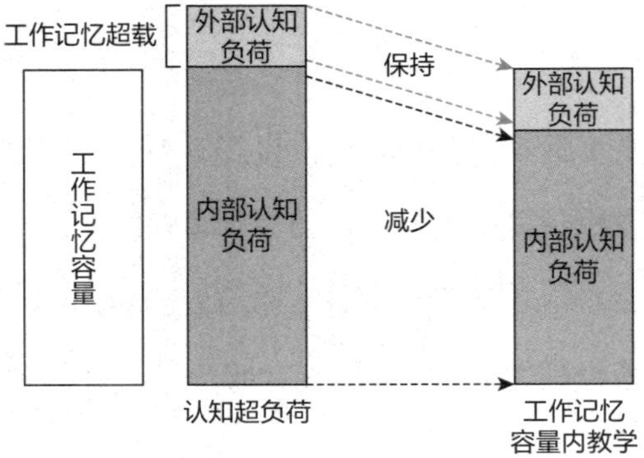

图 2.4　减少内部认知负荷，使总认知负荷控制在工作记忆的容量范围内

我们还可以探讨其他类似的例子，但基本原则是一样的。我们的目标是改善教学，要实现这一目标，首先要尽量减少外部认

知负荷，然后调整内部认知负荷，以确保学生的工作记忆能力得到充分的利用，但又不至于超负荷。

优化内部认知负荷并不是一门精确的科学，我们无法直接“看到”学生的工作记忆容量到底满没满。但是，我们通过理解自己的目标是最大限度地减少外部认知负荷，优化内部认知负荷，就能更好地注意到学生超负荷或低负荷的迹象。超负荷（如困惑）和低负荷（如无聊）的迹象对于教师来说已经很熟悉了。认知负荷理论的独特之处在于，它提供了对超负荷或低负荷来源的深入解读，以及如何处理这些问题的教学建议。现在我们来谈谈优化内部认知负荷的方法。

如何优化内部认知负荷

预先教学

“预先教学”（pre-teaching）的概念相对简单。如果要求学生同时思考很多新的信息元素（高元素交互性），他们就会有很高的认知负荷。针对这种情况，我们可以通过预先教学来减少整个任务的认知负荷。在主要课程内容开始之前先教学一部分内容，并通过一段时间的复习加以强化，就可以减少学生在尝试完成最终的完整任务时所经历的内部认知负荷。

在主要课程内容开始之前先教学一部分内容，并通过一段时间的复习加以强化，就可以减少学生在尝试完成最终的完整任务时所经历的内部认知负荷。

• 预先教学词汇

新词汇是学生产生高认知负荷的常见来源，有报道称，如果学生不认识文本中至少 90%—95% 的单词，其对文本的理解程度就会受到严重影响。（Nagy et al., 2000）因此，预先教授学生可能遇到的单词是减少阅读任务认知负荷的一种简单方法。

亚历克斯 · 奎格利（Alex Quigley）在《缩小词汇差距》（*Closing the Vocabulary Gap*）一书中提供了一种能把新词汇教明白的方法，其缩写为 SEEC：选择（select）、解释（explain）、探究（explore）和巩固（consolidate）。（Quigley, 2018）这些步骤如下所示。

在预先教学的背景下，**选择**步骤需要问自己一些问题，例如：

◇ 在接下来的课程或学习主题中，学生会需要哪些单词？

◇ 哪些单词是学生可能不知道的？

◇ 哪些单词对学生来说可能会在多个科目中出现？

解释步骤需要明确发音，并让学生有机会多次说出这个词，为学生提供霍林斯沃思（Hollingsworth）和伊巴拉（Ybarra）所说的“无懈可击的定义”（Hollingsworth et al., 2017），并演示一些相关例子。比如说：

◇ 新词：absquatulate（ab-squat-chew-late）。

◇ 无懈可击的定义：开溜，溜之大吉，急着离开。

◇ 示例（最好提供几个）：

学生被校长叫到时不得不开溜。

下课铃声一响，全班同学就“溜之大吉”了。

“别急着离开，我还没给你们布置家庭作业呢！”老师大声说道。

在这一点上，一个很好的检查学生是否理解的方法是让学生自己举出例子来与全班同学分享。随机提问学生（通常借助姓名签），将帮助教师发现有关该词使用的常见误解，然后教师可以帮助学生解开这些误解。

奎格利将**探究**归类为可选步骤，用于特别重要的词。探究可以通过以下方式实现：

◇ 考虑这个词的词源（起源）[“absquatulate”是在19世纪中期由“abscond”（潜逃）、“squattle”或“squat”（蹲下）和“perambulate”（巡视）组成的词]。

◇ 解释或询问学生可能的同义词或反义词。

◇ 为这个词创造一个记忆方法（想象一个人在健身房锻炼腹肌，做一些深蹲，然后因为约会快要迟到而匆匆离开——absquatulate）。

◇ 创造一个与该词有关的图像（Fernandes et al., 2018）。

系统地安排和鼓励学生在后续的写作任务中使用最近学过的单词可以有助于最后一个步骤——**巩固**。

• 预先教学角色

你是否曾经读过一本书，并对其中错综复杂的人物关系网产生困惑？这对学生来说也是一个常见的挑战。谁和谁是亲戚，谁讨厌谁，谁和谁是一伙的，信息量太大了。每一个新的人物都代表着一个新的元素，学生必须努力在工作记忆中加以容纳。因此，预先了解角色可以释放工作记忆资源，帮助学生把注意力集中在叙事的细节和细微的差别上。对英语学习者来说，预先了解角色的好处甚至更大，因为对他们来说，名字本身可能就代表了新的信息元素，更不用说与这些名字相关的角色了。

正如奥利弗·卡维格力奥利在《双重编码教师》（*Dual Coding With Teachers*）中阐释的那样，当想要表示人与人之间以及组织和结构内部的关系时，图示往往是最好用的。（Caviglioli, 2019）与此相呼应，为学生提供一个人物关系图，并让他们在阅读文本之前学习它，可以大大减少与阅读有关的内部认知负荷。

比如在阅读《麦克白》时，一个很好的课堂热身方式可以是让学生两人一组，其中一个学生向另一个学生提问，如“谁是邓肯的儿子？”或者“谁打败了麦克白？”。这期间要确保学生凭记忆做出回答，但在开始阶段可以允许学生借助人物关系图（如图 2.5 所示）来回答。

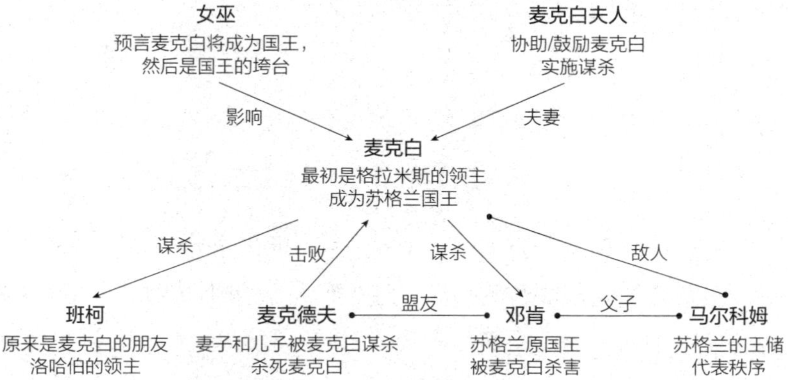

图 2.5 《麦克白》的人物关系图

• 预先教学事件和时间线

在历史和更普遍的社会科学领域，教师经常支持学生去探索诸如权力、帝国或公平等“大概念”。这包括思考这些大概念是如何随着时间的推移在不同的地点被表现或被解释的。理解大概念并建立历史联系，需要背景知识作为这种联系的基础。不幸的是，一些学生缺乏重大历史事件的基本知识，使得这种联系不可能建立起来。在这种情况下，预先教学能够有所帮助。

如果教授关于女性选举权的内容，历史老师很可能想强调，女性战时的贡献在改变历史走向方面发挥了作用，这让许多国家在两次世界大战之间给予了她们选举权。对于一些学生来说，他们对两次世界大战的了解可能只是一个模糊的记忆，因此，在女性选举权的背景下提及这些概念之前的几周或几天，花少量时间重新回顾一下这些概念，可以帮助学生在记忆中更牢固地将它们联系起来。

在不能提前几周或几天进行预先教学的情况下，可以考虑在活动开始时使用一个简单的时间线来帮助学生预先学习。一个有效的方法是绘制一条横跨关键的几十年或几个世纪的简单时间线，然后给学生一分钟的时间，让他们从记忆中默写下可能发生在这个时间段内或稍稍超出这个时间段的任何事件，如果他们能回忆起具体的时间就把日期也写上去。（如图 2.6 所示）在学生回忆完所有他们能想到的事件后，用两到三分钟的时间将这些事件的历史意义添加到时间线上，重点放在绝大多数学生都熟悉的主要事件上（以免引入太多新的交互元素）。

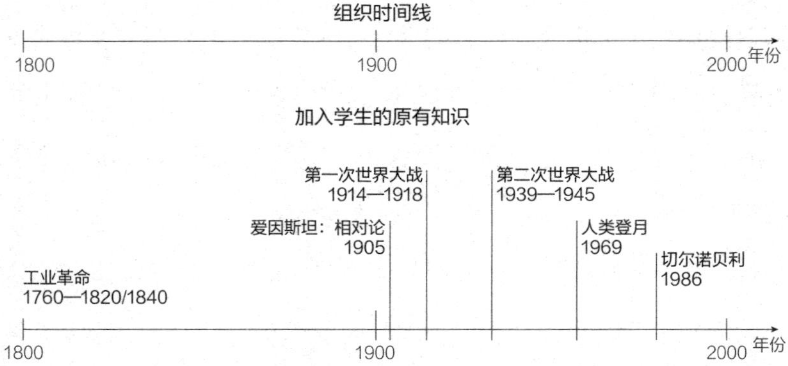

图 2.6　利用学生的原有知识绘制时间线

这项活动在以下两个方面是有帮助的：首先，它为学生提供了一个从记忆中提取关键日期的机会，这是一项有价值的学习活动。（Karpicke, 2017）其次，它激活了一些原有知识，并有助于学生将其组织起来，形成与即将呈现的新信息相联系的坚实基础。

- **预先教学技能**

我们经常要求学生完成将一项技能或一组技能应用于新情境的任务。但我们发现，如果这项（组）技能本身没有被牢牢地掌握在学生的长时记忆中，那么学生在学习新技能的同时将其应用到新的情境中，将导致非常高的内部认知负荷。

克拉克（Clarke）、艾瑞斯和斯维勒（Clarke et al., 2005）[15-24]对学生学习数学和使用电子表格的过程进行了研究。一组人在学习数学的同时也学习了电子表格的操作；而另一组人则先接受了电子表格操作的培训，然后才开始学习相关的数学内容。克拉克等人发现，“电子表格操作水平较低的学生，如果在尝试数学任务之前先学习相关的电子表格操作技能，那么他们学习数学的效率会更高”。（Clarke et al., 2005）[22]

这个原理也可以适用于其他领域。在这些领域中，学生在娴熟掌握有难度的内容前必须先具备相关的技能。无论是操作计算器、精通数学技能、掌握专业术语（Sullivan et al., 2011）、使用实验室设备，还是有效地进行演讲（Mannion et al., 2020），如果在被要求将技能应用于具有挑战性的内容之前，先学习该技能，那么初学者的内部认知负荷就会有所降低。

切块教学

预先教学是一种较为宽泛的减少内部认知负荷的策略形式，“切块教学”（segmentation）也是如此。如果学生一次被太多的新元素搞得不知所措，从逻辑上讲，可以通过将任务分解成小组块的方式来减少内部认知负荷。在认知负荷理论文献中，这被称为“孤立元素效应”（isolated elements effect）。斯维勒等人认为：“对原有知识水平较低的学习者来说，实施切块教学方法有相当大的优势，先提供一个元素交互性较低的任务，再提供一个元素交互性较高的更完整的任务，这样内部认知负荷会大大减少。”（Sweller et al., 2011）[216] 接下来我们来讨论一些有用的切块教学方法。

> 将任务分解成小组块可以减少内部认知负荷。

• 构建一个技能等级体系

在《综合学习设计》（*Ten Steps to Complex Learning*）中，杰伦·范梅里恩伯尔（Jeroen Van Merriënboer）等强调，切块教

学过程的核心是构建一个技能等级体系。（Van Merriënboer et al., 2017）技能等级——也适用于知识——明确了学生在实现预期目标前必须掌握的相互作用的元素，同时授权教师对所教学的内容进行分块并依次教授等级体系中的每一项技能。

技能等级体系最好由真正的学科专家来构建，其中一个好方法是让专家从头开始完成目标任务，并在此过程中"出声思考"。这个过程甚至可以录像，作为深入回顾和思考的促进因素。（Van Gog et al., 2005）

在《反思·期待·检查·解释》（*Reflect, Expect, Check, Explain*）一书中，克雷格·巴顿（Craig Barton）为数学教师构建技能等级体系［他称之为"原子化"（atomisation）过程］提供了一些补充建议。（Barton, 2020）巴顿建议构建技能等级体系的方法有：参考"必备技能"的配套课程文件；探索免费提供的"小步骤"教学指导，如白玫瑰数学公司[①]提供的教学指导（如图 2.7 所示）；或利用"写一行，留一行"的方法。

"写一行，留一行"，让专家（很可能是你）在每两行数学运算之间留下一行空白，然后让学生回去尝试在行间空白处添加额外的细节和步骤。这种方法有助于发现问题解决过程中使用的一些隐性知识和技能。

① 更多学习范式的案例可浏览：https://whiterosemaths.com/resources/。

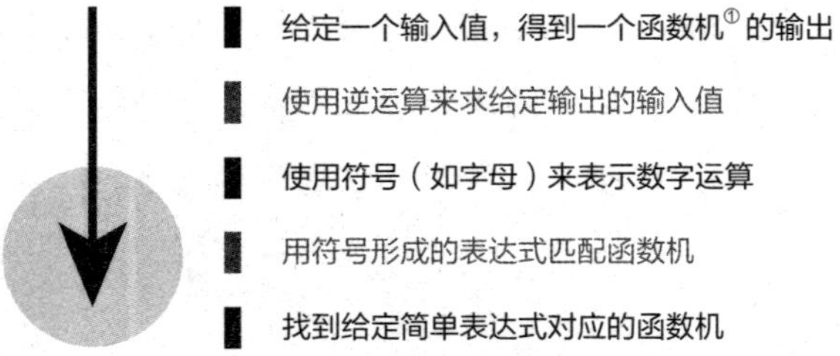

图 2.7 仿照白玫瑰数学公司对“理解和使用符号”这一概念的切块教学

朱迪·霍奇曼和娜塔莉·韦克斯勒（Natalie Wexler）的《写作革命》（Hochman et al., 2017）一书非常受欢迎，它进一步深化了技能等级体系的概念。笔者曾听到过许多新入职教师的抱怨，他们从未被教过如何进行写作教学。简而言之，他们从未见过将高度复杂的“写作”过程分解成一个个小组块以便实施指导而非压垮学生的工作记忆的教学方法。通过认知负荷理论的视角，我们可以理解为什么霍奇曼和韦克斯勒的书会风靡全球。因为它为教师提供了一个强大的写作技能等级体系，并为学生提供了结构化练习，以支持学生学习的每一步。下面是《写作革命》中一个技能等级体系的示意图（如图 2.8 所示），主要聚焦写好“主题句”（topic sentence）。

切块教学和渐进式技能建构的一个有趣的启示是，正如戴

① 函数机（function machine），是一个用于教授和理解函数概念的模型或教具。这个概念通常用于数学教学，尤其是在引入函数概念时，帮助学生理解输入与输出之间的关系。例如，有一个函数机，其规则是将输入的数乘 2，那么当你输入 5 时，输出的将是 10。在这个模型中，“乘 2”就是函数规则，5 是输入，10 是输出。

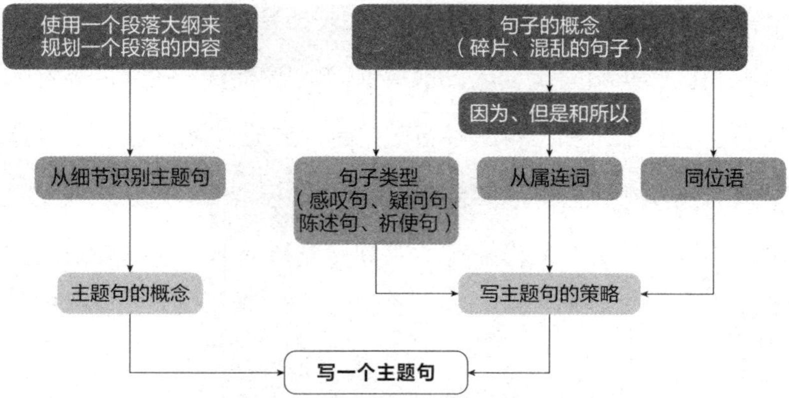

图 2.8　写好主题句的一系列技能

西·克里斯托杜洛所写的：“复杂的技能是由许多不同的元素组成的，而这些不同的元素看起来都非常不同。”（Christodoulou, 2017）这在现实中意味着，对于复杂的技能，学生对切块技能的练习看起来往往与最终的表现大相径庭。

> 对于复杂的技能，学生对切块技能的练习看起来往往与最终的表现大相径庭。

虽然这个理念在所有学科中都很重要，但对于涉及大量复杂技能的学科，如体育、艺术、音乐等，它尤其重要。克里斯托杜洛用马拉松训练的例子来说明这个问题。虽然一个人练习马拉松的目标是在尽可能短的时间内跑完全程，但切块练习并不简单地意味着要组块化练习这段总路程，而是还要开展其他练习，如体重控制、拉伸和力量训练，这些练习以不同的方式促进最终的表现。在音乐方面，可以是音阶的练习；在艺术方面，可以是简单而宝贵的绘画技巧的练习[①]。对复杂技能的有效切块教学，往往需要多种多样的任务练习来间接支持而非直接提升最终的表现[②]。

部门会议的点子

试图为每一个课程点构建一个技能等级体系是不现实的，但在你的学科中，很可能有几个主题或技能是学生每年都会遇到困难的。对于这几个主题或技能，你可以在部门会议上专门为其中一个或几个主题或技能构建一个技能等级体系。这不仅是改善该主题或技能教学的宝贵的第一步，也是使更多专家教师的隐性知识对新任教师清晰可见的一个好方法。你可能还会发现，新任教师的问题能够促使专家教师更好地剖析自己自动化和隐性的思维过程。

• 去掉一个元素，或几个元素！

在某些情况下，一项任务中相互影响的元素可能非常容易被识别。例如，在弹钢琴时，左右手必须协同工作，学生必须同时

① 适合学生学习绘画的具体活动可以浏览：https://drawinggym.co.uk/foundation。
② 克里斯托杜洛用更显专业的术语写道，这些训练任务，如侧平板支撑、力量训练、灵活性训练，与最终的表现有概率性的关系，但不是决定性的。

考虑节奏、节拍和音高。在这种情况下，元素交互性可以通过简单地减去一个或多个元素来降低。这是音乐教师经常做的事情。他们可能会让学生在演奏前拍打节奏（减去音高元素），以较慢的速度和在没有节拍器的情况下练习歌曲（减去节奏元素），或者在两手一起弹奏之前先分别练习左手和右手单独弹奏。

这也可以用于其他学科中。在数学中，如果学生正在学习两位数的乘法，但他们还没有熟练掌握乘法表，若此时期望他们在计算 97×68 的过程中试图先算出 9×6，很可能会压垮他们的工作记忆。面对这种问题，教师一开始可以为学生提供一个乘法表网格或确保只使用学生容易处理的数字（如 23×32）。

在英语学科中，如果我们要教学生关于主题句的结构，就没有必要在一开始就期望学生把这种结构应用到新的内容中去，从而引入额外的交互性元素。教师应该通过学生已经掌握的原有知识来教授这个结构，等到这个结构被储存在学生的长时记忆中后，再让他们将其应用于新的内容中。

此外，在制作概念图的实践中也可以考虑切块介绍元素。当一个关于磁力的单元结束时，我打印并剪切了一系列来自该主题的图片，大约有 30 张，并要求 12 年级物理课的学生用它们来制作一个概念图，详细说明彼此间的关系。过了一会儿，我注意到有一个小组几乎毫无进展。他们面前摆着大约 15 张图片，大家只是盯着看，对如此之多的交互性元素感到不知所措。

我走过去，拿起所有的图片，然后将它们都正面朝下放在空白纸旁边，然后从中拿出两张图片，把它们正面朝上并排放在空白纸中间，说："这两个图像之间有联系吗？大家讨论一下，我马上回来。"学生立即能够想出一些联系，当我回来时，我提示："从余下的图片中一次翻一张，并尝试将其与概念图上已有的一张或多张图片联系起来。"这真管用！通过暂时去除两个元素之外的其他元素，交互元素的数量大大减少，学生能够逐步建立一个相互关联的概念网络。

排序和组合

有时候，当我们把一个复杂的任务分解为几个组成部分时，我们马上就会明白如何最好地将它们排序并再次组合在一起，而在另外一些时候，这就不那么明显了。这时需要做出的一个关键决定是，是采取**部分—整体**方法，还是**整体—部分**方法。部分—整体方法的意思是在把所有内容整合在一起之前，先掌握各组成部分的知识和技能。整体—部分方法则首先需要提供一个总体概览，然后是进行更有针对性的个别片段练习。两种方法各有好处。针对部分—整体方法，斯维勒等人认为："一开始只呈现部分任务有助于巩固程序或规则，这些程序或规则可以在后续的阶段应用到整个任务中。"（Sweller et al., 2011）[113] 而针对整体—部分方法，他们补充说：

对于复杂的运动任务和许多现实生活中的专业任务，学习者必须了解和学习各子任务之间的交互作用和协调关系。如果孤立地学习子任务，就可能不了解这些相互关系。（Sweller et al., 2011）[114]

因此，当对任务的各个部分先加以区分会更有意义时，部分—整体方法很管用，比如在让学生把逗号应用到短文之前，教他们如何正确地使用逗号。相反，当帮助学生完成诸如写十四行诗的任务时，必须先从整体上开始，因为十四行诗的结构——通常是十四行，每行有十个音节，并有固定的押韵方法——定义了十四行诗。

> 部分—整体方法意味着在融会贯通之前先搞懂各组成部分的知识和技能。整体—部分方法则要求先提供一个总体概览，然后再对个别部分进行更有针对性的练习。

在下文中，我们将从部分—整体和整体—部分的角度探讨一些任务排序的方法。（Van Merriënboer et al., 2017）

• 正向链接还是反向链接（部分—整体）

“正向链接”（forwards chaining）和“反向链接”（backwards chaining）是《综合学习设计》（Van Merriënboer et al., 2017）中

提出的两个概念，当我们依次呈现一组技能或让学生进行练习时，我们通常就是在做这样的链接。“正向”和“反向”指的是这些不同组成部分的练习顺序。

正向链接意味着按照学生的最终学习成果所呈现的顺序逐步掌握各组成部分的技能。一个简单的例子是指导学生写一份科学报告，报告通常由以下部分组成：引言、假设、方法、结果、讨论、结论。教师可以通过正向链接逐步支持学生写一份完整的科学报告。他们可以让学生为在课堂上进行的第一个实验或演示写一篇“引言”，几周后为第二个实验或演示写一个“假设”，为第三个实验或演示写一个“方法”，等等。然后，一旦学生对所有独立的部分都娴熟于心，他们就可以在学期末或学年末写出一份完整的科学报告。正向链接可以很好地被用于对科学报告写作的指导，因为这样的工作从头到尾都遵循一种逻辑结构。

反向链接意味着让学生从任务序列中的最后一项开始，反向完成整个任务的不同部分。艺术和视觉设计中的一项常见任务是让学生将作品组合在一起，包括对自己的灵感、想法和对某些刺激的反应的注释。学习完成这项任务的学生可能会受益于反向链接。例如，教师可以首先向学生提供模板：

邂逅日期：

创作日期：

艺术家：

媒介：

描述——艺术家的意图是什么，他们做了什么？

分析——你对它有什么看法？它实现意图了吗？为什么它能达到预期？为什么不能？

预测——接下来会发生什么？这是否让你想到了其他你想探索的东西？

之后让学生根据投影在黑板上的作品来填写模板。然后，教师可以为学生提供打印的作品副本，让他们粘贴到书上。最后，教师可以让学生讨论寻找灵感的方法，例如展示图书馆的相关资源，引导他们访问一些有用的网站，或者示范如何用艺术家的眼光来看待周围世界等。虽然学生自己会按照搜索—粘贴—批注的流程进行实践，但老师是按照批注—粘贴—搜索的顺序教授这些技能的。

在这种情况下，反向链接特别有用，因为学生在寻找灵感的时间花费上差异较大：有些学生会到外面去，拍三张照片，然后准备粘贴和批注；而有些学生会在图书馆花 30 分钟，钟情于寻找“完美”的灵感来源。通过从批注开始，然后粘贴，老师先教这些较独立的、有时间限制的、有地点限制的技能，然后再让学生去搜索。

正向链接从完成学习成果的技能序列中的第一项任务开始依次教学。反向链接则从技能序列中的最后一项任务开始教学。

• 滚雪球（部分—整体）

“滚雪球”（snowballing）（Van Merriënboer et al., 2017）是正向链接的一种变式，每次需要完成的任务都包含之前已学习的部分。例如回到前文中学习撰写科学报告的例子，与其让学生在每次新演示后完成练习报告的某一部分，教师不如改为滚雪球的方法，让学生每次都完成新学的部分及所有之前学过的部分。（如表2.1所示）

表 2.1　滚雪球方法示例

周	演示或实验第 1 周	演示或实验第 2 周	演示或实验第 3 周	演示或实验第 4 周	演示或实验第 5 周	演示或实验第 6 周
任务	引言	引言和假设	引言、假设和方法	引言、假设、方法和结果	所有之前部分和“讨论”	所有之前部分和“结论”（形成一个完整的报告）

这对学生来说显然是要做更多的工作的，尤其是要完成一份耗时的科学报告的时候。如果完整的滚雪球对学生来说要求太高，教师也可以用半滚雪球的方法完成任务，每次将组成部分的数量控制在最多三个（或其他数量），如表 2.2 所示。

表 2.2　半滚雪球方法示例

周	演示或实验第 1 周	演示或实验第 2 周	演示或实验第 3 周	演示或实验第 4 周	演示或实验第 5 周	演示或实验第 6 周	演示或实验第 7 周
任务	引言	引言和假设	引言、假设和方法	假设、方法和结果	方法、结果和讨论	结果、讨论和结论	完整的报告

教师为什么要用滚雪球的方法？如果技能的培养需要较长的一段时间，或者是学生需要大量练习才能掌握技能，那么滚雪球就很有用。滚雪球所提供的多次接触使学生有更多机会将每个片段嵌入长时记忆，同时也为练习留出了空间。（Carpenter et al., 2012）例如，在上面的半滚雪球方法中，学生把报告的每个部分都练习了三遍。这与格雷厄姆·努索尔（Graham Nuthall）的研究非常吻合，他发现学生接触一个概念，平均需要学习三遍才能学会它。令人惊讶的是，努索尔和他的同事使用这种简单的“三次接触”的方法来预测学生能不能记住材料，发现学生的准确率可以达到 80% 左右。（Nuthall, 2007）

滚雪球所提供的多次接触使学生有更多机会将每个片段嵌入长时记忆，同时也为练习留出了空间。

• 简化条件（整体—部分）

我们在学校经常教授的一个非常有价值的现实生活技能是口头表达。口头表达包括多个组成部分，诸如手势、语调、节奏、措辞、眼神交流、音量等，当然还有口头表达的内容本身。然而，口头表达并不只是这些部分的简单相加，要求学生孤立地练习各个部分是没有意义的。我们想象一个学生站在教室前面，只练习打手势，或只练习眼神交流，或只练习以适当的音量清楚地说话，可想而知在这种情况下，使用部分—整体的方法来练习显然是荒谬的。

减少口头表达等综合任务的内部认知负荷的有效方法是“简化条件”（simplify conditions）。范梅里恩伯尔和基尔希纳（Kirschner）对此描述如下：

在简化条件的方法中，学习者接受同时执行所有组成技能的训练，但整个技能的训练条件会发生变化，并在训练中逐渐变得复杂。（Van Merriënboer et al., 2017）[114]

在这种情况下，简化口头表达训练的方法是让学生在一个非常简单的背景下开始学习口头表达的综合技能，以减少学生在口头表达内容上的认知负荷。这可能意味着让他们就一个自己非常熟悉的话题进行演讲，或者从教师预先选定的几个著名演讲中挑选一个进行练习。通过简化基本任务，学生可以在减少内部认知负荷的同时进行整体演练。

> 通过简化基本任务，学生可以在减少内部认知负荷的同时进行整体演练。

简化条件的方法也适用于其他领域。绘画课通常从画简单的物体开始，如苹果或花瓶，尽管学生仍然需要整合一系列的技能，但基本的刺激维持在了一个简单的水平，可以确保任务的可控性。

这与教师培训也有很大关系。期望新入职的教师做所有的事情——从研究教学主题，到设计和编写教案，再到最后泰然自若地上课——是一项对认知能力要求极高的任务。为新任教师提供精心设计的教案是简化教学条件的一种方式，可以让他们一开始就只需要专注于课堂教学。

在科学领域，确保学生在进行课堂实践活动之前知道可能产生的结果是简化条件的另一个例子。如果学生牢牢掌握了实验的理论基础和可能产生的结果，他们就可以更加专注于实验的整体过程，如准确完成滴定，或设置仪器以减少随机误差等。

• 操控重点（整体—部分）

“操控重点”（emphasis manipulation）是“让学生只关注任务的几个关键部分”的另一种说法。这是“孤立元素效应”（Sweller et al., 2011）[216] 的另一种实例。如果一个学生在拼写方面有很大困难，老师或许可以告诉他：“批改这篇短文时，我根本不会纠正你的拼写，我只看你所表达的观点。”这使学生能够完成撰写整篇短文的任务，同时减少与担心拼写有关的内部认知负荷。

在数学课堂上，老师可以说：“我并不关心你们在做下面这组题目时是否得到了正确的答案，我所关心的是你们在解题的第一步中是否正确地将数字代入。一旦做到了这一点，你们就能进一步专注于整个解题过程了。”

科学老师或许可以说：“我通常非常强调单位的正确性，但在下面的测试中，我不会给单位打分。相反，我会重点关注你们对有效数字的准确使用情况。”

在上述情况下，整个过程的内部认知负荷，如写一篇文章、解一个方程式或解决一个问题，都是通过不强调其中某些部分来减少的，如拼写对错、答案对错或单位对错等。操控重点是一种有效的方法，特别是在将新技能（如有效数字）整合到现有过程的早期阶段更是如此。

操控重点，让学生专注于一项任务的几个关键部分，是一种减少内部认知负荷的有效方法，特别是在将新技能整合到现有过程的早期阶段更是如此。

- **增加变式**

我们现在有一系列强有力的策略来减少与任务相关的内部认知负荷。但是，由于我们的目标是“优化”而不是简单地“减少”内部认知负荷，所以我们还需要一些方法来增加导致内部认知负荷的元素交互性。事实上，减少外部认知负荷（如第三部分所述）是为了释放工作记忆的容量，以增加内部认知负荷容量，从而进行更多的学习。在任务序列中“增加变式”（adding variation）是一种以深化学习的方式来使用空闲的工作记忆能力的方法。

减少外部认知负荷是为了释放工作记忆的容量，以增加内部认知负荷容量，从而进行更多的学习。

在认知负荷理论中，增加变式常常被称为增加“情境干扰”。以下是斯维勒及其同事对它的描述：

如果问题是一个接一个的，并且需要相同的技能来解决，那么情境干扰就很低。相反，如果问题一个接一个，但却需要不同的技能，那么情境干扰就会很高……德克鲁克（De Croock）等人（De Croock et al., 1998）发现在高情境干扰下进行故障排除练习的学习者比在低情境干扰下练习的学习者表现出更高的技能迁移能力。这种优势是有代价的。在高情境干扰条件下练习的学生对该技能的掌握有所延迟。（Sweller et al., 2011）[214]

学生需要花更长的时间来学习这项技能，因为通过增加变式（情境干扰），交互性元素的数量增加了。然而，对于所增加的更多的元素，只要有足够的工作记忆容量来处理它们，学生也就有更多的机会来对比这些元素，从而建立更强的联系。增加有效变式的最简单和最有效的方法之一是“交错”（interleaving），这本质上意味着“混合”（mixing up）练习，而不是“板块”（blocking）练习。（Rohrer, 2012）

> 增加变式会深化学习和提升迁移能力，但也会减慢学习进程。

以下是将交错练习纳入数学教学序列中的方法。想象一下，你正在教学生四个不同形体的体积公式：楔体（W）、圆锥（C）、球（S）和棱锥（P）。研究表明，学生完成这类任务的主要挑战不是使用公式本身，而是在特定情况下找出最合适的公式。

（Rohrer et al., 2007）因此，学生的练习重点不是如何使用公式本身，而是如何选择要使用的公式。公式选择练习可以通过如下方式来实现，例如，以随机顺序（如 W–C–S–P–S–P–W–C–S–W–S–P–C–W–P–C）向他们展示 16 道练习题，而不是以板块的方式（如 W–W–W–W–C–C–C–C–S–S–S–S–P–P–P–P）来展示。事实上关于这一点，迪伦·威廉希望所有的数学教师都能阅读道格·罗勒（Doug Rohrer）关于设计数学练习的学术文章，这有助于让学生选择适当的解决方法，而不仅仅是简单地套用公式。（Rohrer et al., 2017）

这种方法在其他学科中也具有应用价值。例如一位英语教师近期在教学生学习一般过去时（SP）、现在完成时（PP）以及第一（F）、第二（S）和第三（T）条件从句，他计划让学生进行一些练习，提出了以下一组问题。

思考一下下面的句子：

“去年圣诞节，我为女儿________一辆车。”（Nakata et al., 2019）[636]

从下列选项中选出最合适的一项：

A. 将买（will buy）

B. 已经买了（have bought）

C. 买（buy）

D. 买了（bought）

如果一个教师有 50 个类似的问题，针对他们刚刚教过的五个语法结构，每个语法结构对应其中的 10 个问题，那么可以按照教过的语法结构的顺序来展示这些问题，比如 SP × 10、PP × 10、F × 10、S × 10、T × 10。然而，这种方法可能不如将这些问题交错或混合呈现来得有效。虽然研究证实，学生在板块练习的情况下可能会更快地完成作业，并在练习中取得更高的正确率，但这不会为他们将来独立选择正确的时态并在不同的情境中加以应用做好准备。（Nakata et al., 2019）

经证明，以英语为母语的人学习外语时使用交错练习也是有好处的。在一个实验中，对西班牙语学习者来说，以打乱顺序的方式进行不同的动词变位练习，比将不同的动词变位分别集合起来进行板块练习更能取得可靠的长期学习效果。（Pan et al., 2019）

在其他领域中，交错练习适用的情况包括化学中化合物的教学（Eglington et al., 2017），以及在艺术课上区分不同艺术家的作品等。（Kornell et al., 2008）

在我们继续讨论之前，有两个关键的注意事项：首先，交错练习可以帮助学习者识别差异。正如我们所看到的，学生经常把不同的公式、变位或时态混淆。因此，在这些类型的学习任务中很适合使用交错练习的方法。其次，交错练习不宜过早使用。在进行交错练习之前，当务之急是让学生能够独立完成每个子过程。记住，增加变式会增加内部认知负荷，因此只应在学生有充裕的认知能力时使用。

> 增加变式会增加内部认知负荷，只应在学生有充裕的认知能力时使用。

专长逆反效应

在本书中你可能已经注意到，每当提出一个新的方法或策略时，总是会有一些注意事项。这些注意事项是教学建议的“边界条件”，是关于何时可能有效、何时可能无效的限定。对边界条件的了解是至关重要的，因为如果没有它，我们就有可能在不适合的环境中，或以不适合的方式来应用教学策略，从而导致学习效果减弱。

贯穿所有认知负荷效应的一个重要边界条件是“专长逆反效应”[①]（expertise reversal effect）。正如听起来的那样，专长逆反效应表明，学习者需要不同程度的支持，这取决于他们的专业水平。事实上，认知负荷理论为初学者和“专家”学生（早已熟悉某个领域的学生）提供的教学建议往往是相反的。

---

① “专长逆反效应”主要指不同的知识水平与教学指导之间可能存在着一种“颠倒的”关系。对“专家”有用的教学建议对初学者可能是不适合的，因为“专家”完成任务往往是自动化的、“直觉”的，无须展开详细过程；初学者学习知识或技能常常需要循序渐进的、具体的指导。——译者注

> 专长逆反效应表明，学习者需要不同程度的支持，这取决于他们的专业水平。

例如，初学者缺乏对某些问题应该如何处理的理解，因此会受益于样例，这些样例提供了高水平的教学指导和结构。然而，对于“专家”学生来说，样例可能是多余的，因为他们很可能已经知道了问题应该如何解决。因此，他们更多地从实践中受益，而不是从解决问题的样例中受益。问题解决的实践为这些“专家”学生提供了练习的机会，以帮助他们实现技能的自动化。然而，对于那些还不了解基本程序的初学者而言，它提供的帮助不够。样例对初学者更有利，问题解决对“专家”学生更有利，这是专长逆反效应最常被引用的含义。

> 样例对初学者更有利，问题解决对“专家”学生更有利，这是专长逆反效应最常被引用的含义。

对“专家”学生有利和对初学者有利的教学方法的区别也可以通过我们对元素交互性的知识和对优化内部认知负荷的需要来理解。正如我们在第一部分中所了解的，任务中存在的交互元素的数量取决于学习者的原有知识。因为“专家”学生比初学者有更多的背景知识，所以他们在其擅长的领域中经历的交互元素会更少。这样一来，对初学者来说可能难以胜任的复杂任务，“专家”学生却可以轻松完成。

值得注意的是，当我们提到“专家”和“初学”的学生时，我们并不是泛泛而谈的。相反，我们是在非常具体地谈论学生在某一特定领域，甚至是知识或技能的某个子领域中更擅长或更不擅长，例如平衡化学方程式、写主题句或投掷标枪等。

由于专长逆反效应与内部认知负荷和外部认知负荷都有关系，因此在本书的其余部分还会不断提到它，并且在讨论教育中的“最佳”教学方法时都应牢牢把握这一点。我们永远不能断然说一种教育方法是“最好的”，除非首先考虑清楚——它对谁是最好的。

第二部分集中讨论了优化教学过程中施加给学生的内部认知负荷的方法。在第三部分，我们将注意力转向最著名的认知负荷效应，即那些针对减少外部认知负荷的方法。

第三部分

减少外部认知负荷

何时减少外部认知负荷

什么时候减少外部认知负荷是一个好主意？几乎一直都是！事实上，“认知负荷理论主要关注的是（虽然不是唯一的），减少外部认知负荷”。（Sweller et al., 2011）[68] 还要注意的是，一个旨在促进学生对关键材料进行学习的教师，绝不会以增加外部认知负荷为目的。

唯一没有必要减少外部认知负荷的情况是，任务的内部认知负荷一开始就很低，也就是说，任务太容易了。在这种情况下，内部认知负荷和外部认知负荷的总和不太可能超过学习者工作记忆的极限。然而，这种情况很可能表明这项学习任务不太适合这些学习者了，他们可能会从更有挑战性的学习中受益。

打磨表征方式

本节介绍的认知负荷效应提供了多种方法，旨在通过减少外部认知负荷来优化信息呈现的方式。

冗余

在我看来，“冗余效应”（redundancy effect）是所有认知负荷效应中最典型的一种。如果一个关键目标是减少外部认知负荷，那么消除冗余信息就是实现这一目标的关键步骤。我认为克服冗余效应最简单的方法是：**消除不必要的信息，不重复必要的信息。**

> 克服冗余效应：消除不必要的信息，不重复必要的信息。

• 文本和口语的冗余效应

“当相同的信息以不同的方式呈现时，最常见的冗余形式就出现了。”（Sweller et al., 2011）[142] 比如，信息同时以口头和书面的形式呈现。

演讲者在幻灯片上提供书面信息，然后在演讲中宣读这些信息，这是一种常见的做法。对于听众来说，这便是信息的冗余。演讲只需要一种演示形式，要么是书面文字，要么是口头语言。

为什么在看到书面文字的同时听到口头语言会抑制学习？要回答这个问题，我们必须首先对人类的认知结构有更深入的了解。所有的语言都是在工作记忆中专门处理语言的部分进行加工的。（Baddeley et al., 1974）无论语言是通过耳朵（口语）还是眼睛（书面语）进入工作记忆的这一部分，它都是在同一个地方被加工处理的。这意味着，**当信息以书面语和口语两种形式同时呈**

现时，两种信息来源会争夺相同的工作记忆资源，因此会相互干扰。所以结论是：不要照本宣科！

> 当信息以书面语和口语两种形式同时呈现时，两种信息来源会争夺相同的工作记忆资源，因此会相互干扰。

这种形式的冗余效应对语言学习有明显的影响。就像在课堂上经常看到的一样，语言教师在向学生展示书面文字的同时，也会朗读这些文字。许多语言教师认为这种方法可以帮助学生理解书面文字与其正确发音之间的联系。这是对的，但只是在一定程度上。例如，贾斯·穆萨（Jase Moussa）的博士论文证明，对于她所研究的一组学习者来说，阅读、写作、翻译和听力技能只能通过阅读练习来显著提高，而不是其他任何被检验的教学方法，包括跟着老师一起读或只听。（Moussa, 2008）

这些结果在一定程度上可以用冗余效应来解释，但也可能是因为当学生自己阅读信息时，他们可以按照自己的节奏阅读，也可以再次阅读他们不易理解的单词。但由老师带着读材料时，学生就失去了这种自我调节的能力。自我调节与学习者的能力和动机之间也存在着潜在关系。这些结果表明，具有较强自我驱动力的大学生在自主阅读方面更有优势，而自我调节和元认知能力较弱的较低年级学生可能无法从自主阅读中获得同样的益处。

虽然同时呈现文本和口语信息的冗余性是一种公认的认知负荷效应，但我们不应草率地认为阅读的方法对所有受众都是最有效的。有很多学生可能不适合阅读书面文字，比如那些坐得太远的学生，或者有阅读困难的学生，或者可能有视力障碍的学生。此外，对其他很多受众来说，只用口语的方式也不是特别适合，比如受众中也会有听障人士。就像所有的认知负荷效应一样，教师只有将对这些效应和注意事项的认识与对学习者个人的了解相结合，才能取得最好的教学成果。

• 图像和文字的冗余效应

另一种常见的冗余形式是以图像和文字两种形式呈现相同的信息。这方面的一个很好的例子来自斯维勒和钱德勒（Chandler）的研究。（Chandler et al., 1991）他们的研究中有一个生物学方面的实验。在实验中，研究者向学生展示了三种不同类型的心脏图。在第一种情况下，他们展示了一个只有必要信息的简单的心脏图，如图3.1所示。

在第二种情况下，他们在呈现了上述图后又呈现了以下文字：

1. 血液从身体的上部和下部流入右心房。
2. 来自肺部的血液流入左心房。
3. 当心室舒张时，来自右心房的血液流入右心室。
4. 与此同时，来自左心房的血液流入左心室。

5. 当心室收缩时，右心室的血液被迫流入肺动脉。

6. 与此同时，左心室的血液也被迫流入主动脉。

7. 进入肺动脉的血液供应肺部。

8. 进入主动脉的血液被泵回到身体。

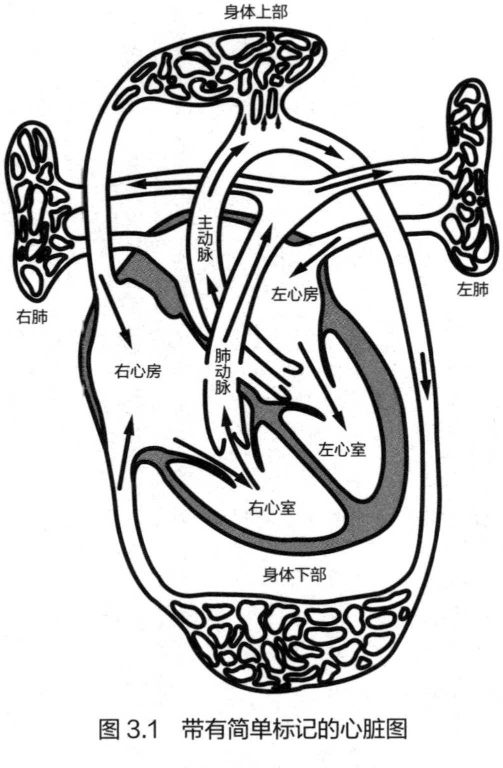

图 3.1　带有简单标记的心脏图

这些文字是多余的，因为它重复陈述了图中已经包含的信息。

在第三种情况下，研究者将上面的文字直接整合到图中，结果如图 3.2 所示。

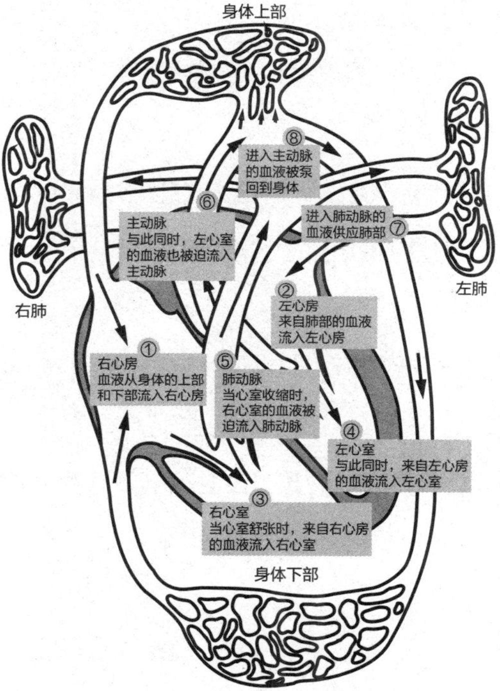

图 3.2　带有额外冗余标签的心脏图

研究者将学生分为了三组，每组学生都被分配到了一种心脏图，然后开始学习。一旦学生认为自己学会了，就让他们参与六项不同的测试，包括给不完整的心脏图贴标签、在不完整的心脏图上绘制血液流动方向，以及回答诸如“左心房的血液流向何处？”之类的问题等。（Chandler et al., 1991）[321] 这些测试被很好地设计，用来消除学生对以图像或书面形式呈现信息的可能的偏好的影响。

与冗余效应一致，在六项测试中，使用最简单版本的教学材料（仅使用简单标记的心脏图）的学生表现优于其他两组，其中五项结果表现出统计显著性。更令人印象深刻的是，使用简单图组的学生在测试前花在学习图上的时间最短，而整合图（图3.2）组花的时间是前者的一倍半，图像和文字结合组则花了两倍多的时间。

博比斯和同事也发现了类似的结果。（Bobis et al., 1993）[6] 他们用下面的方法教一群孩子把一张圆纸片折成三角形（如图3.3所示），只看图片说明（图3.3右侧）的学生比同时看图片和文字说明的学生表现得更好。

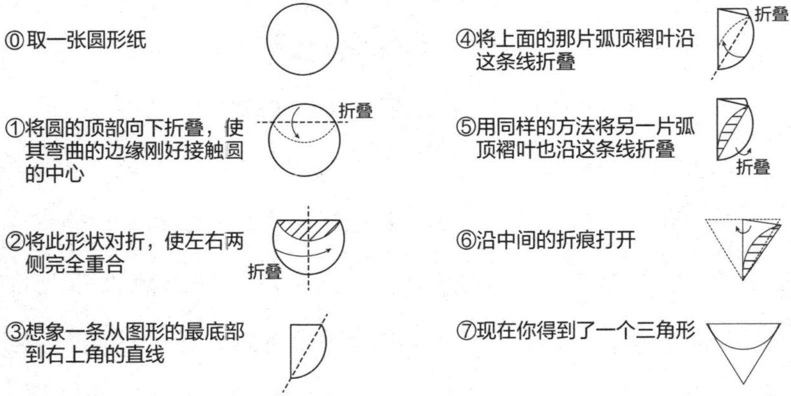

图 3.3　关于将一个圆折成一个三角形的冗长文字说明与清晰图示说明

作为支持学生学习的教师，我们经常希望为学生提供非常详细的解释，觉得我们补充的细节越多，学生就会学得越好。冗余效应挑战了这种观点。这里的重点不是说图像和文字在一起是坏事情，**而是说如果它们传达了相同的信息，那么两者合在一起就产生了冗余。**

> 如果图像和文字传达了相同的信息，那么两者合在一起就产生了冗余。

• 无懈可击的定义

从更广泛的角度来看，课程中的冗余信息是指任何会分散学生对核心学习材料的注意力的内容。作为教师，我们强加给学生的外部认知负荷往往来自这种形式的冗余。在授课时，我们往往希望提供详细和深入的解释，向学生展示学习内容的全貌，或用其他有趣的细节、图像、事实等为学习材料添彩加色。实际上，在学习的早期阶段，非常详细的解释往往使学生的工作记忆超负荷。当然，这种额外的吸引人的信息自有适合它们出现的时间，但这个时间不是在任务的内部认知负荷已经逼近学生的工作记忆极限的时候。

为了使教学活动与所要教的核心概念保持一致，可以考虑的一个有用的策略是霍林斯沃思和伊巴拉的“无懈可击的定义”（bullet-proof definition）。（Hollingsworth et al., 2017）无懈可击的定义是对教师试图传达的关键概念或观点的一句话总结。这里有几个无懈可击的定义的例子，其中一些受到霍林斯沃思和伊巴拉的课程范例的启发[①]。

科学课：识别和交流实验误差的来源。

无懈可击的定义：实验误差是指测量值与真实值之间的差异。

艺术课：描述马塞尔·杜尚（Marcel Duchamp）的《泉》对20世纪艺术的贡献。

无懈可击的定义：马塞尔·杜尚的《泉》（1917）是一个标准的小便池，作为一件艺术作品出现，它引发了一个基本问题："是什么让某样东西成为艺术？"

历史课：分析冷战的原因。

无懈可击的定义：冷战是美国和苏联之间的激烈竞争时期（1947—1991），两国没有直接开战。

经济学课程：描述政府在市场经济中的作用。

无懈可击的定义：市场经济是一种利用市场供需关系配置资源的经济。

---

① 更多的课程范例详见：https://teach.educeri.com/lesson/。

地理课：分析实现可持续发展目标的进展。

无懈可击的定义：可持续发展目标是联合国希望在2030年前实现的17个相互关联的健康、社会、经济和环境进步的目标。

霍林斯沃思和伊巴拉建议，我们在开始学习的时候，先给学习的内容下一个无懈可击的定义，大家一起读，记住它，然后互相背诵。之后教师说“让我告诉你这是什么意思”，并通过提供支持性的证据、例子、经验、实验，或讨论这个主要观点的含义来促进更深入的理解。每当教师介绍一个新的例子时，学生们都会明确地将其与无懈可击的定义关联起来。这样，这个例子和它所依据的核心原则就会在学生的记忆中牢牢地联系起来。

当我指导实习教师时，我会强调他们在每节课前能够清楚地回答两个关键问题：第一，当一节课结束时，学生能够做到哪些之前做不到的事情？第二，如何知道学生已经做到了？构建一个无懈可击的定义是一个明确的、可操作的方法，可以帮助教师解决第一个问题，并帮助教师考虑需要从学生那里获得什么样的反馈，以检验教学成功与否。换句话说，一个无懈可击的定义可以帮助教师确定一堂课中哪些内容是多余的，哪些不是。

- **冗余与专长逆反效应**

当学生同时从多个来源获得同一信息时，冗余就发生了，这使得其中至少一种形式的信息变得多余了。然而，对一个学生来说是多余的内容，对另一个学生来说可能就不是多余的了。鉴于储存在“专家”学生长时记忆中的相关知识相对较多，一些对初学者起支持作用的教学材料，对“专家”学生来说实际上就是多余的。下面的研究说明了这一点。

姜（Jiang）、卡柳加和斯维勒比较了中国学生在学习英语词汇和句子过程中，只读、只听和边读边听三种教学形式的效果。（Jiang et al., 2018）随后通过听力理解测试来检验学生的学习情况。姜等人发现，对于已经能够对书面英语进行解读的中国大学生来说，通过只读练习可以达到最好的学习效果。对这些学生来说，只听的练习太短暂了，而边读边听的练习是多余的，因为他们已经在长时记忆中储存了这些文字和声音的联结。

然而，对于解读能力较弱的中国高中生来说，边读边听是比较好的方法。对他们而言，在阅读的同时听到单词并不是多余的，因为没有语音，他们就不能有效地将页面上的文字与其发音联系起来。事实上，每个单词配有发音并不是多余的，这对培养初学者的英语理解能力来说至关重要。

这是与冗余相关的专长逆反效应的一个例子。对专家来说多余的东西，对新手来说并不一定是多余的，因此给他们的教学建议也是相反的。事实上，“专长逆反效应最初是被认知负荷理论作为冗余效应的一种形式来预测的”。（Sweller et al., 2011）[155]

在我与斯维勒的讨论中，他强调了在谈到冗余效应时的一个常见误区。冗余是指在一个特定的时间点上呈现不必要的或重复的信息，比如以书面和口头形式，或文字和图像形式同时呈现相同的信息。而在未来的另一个时间点再次向学生呈现相同的信息不是冗余。让学生多次接触关键信息，特别是当多次接触这些信息的时间间隔被精心安排时，将是一种有助于学生建立可靠的长时记忆的基本策略。（Carpenter et al., 2012）

回到本节开始时的无懈可击的定义，冗余效应敦促我们**消除不必要的信息，不重复必要的信息。**根据这一建议，我们应该努力在我们的课堂、演讲和写作（包括脚注的使用）中牢记冗余效应。①

分散注意力

“分散注意力效应”（split-attention effect）是极其简单的。

① 在写本书之前，我习惯于使用比你在当前书中看到的更多的脚注。在收到约翰·斯维勒关于本书校样的反馈后，我大大减少了脚注的数量：“记住冗余效应。试图理解这个脚注的读者是在把工作记忆用于你所教的东西之外的内容。所有的脚注都是如此——我从不使用它们，因为它们要么是多余的，要么会分散注意力。”——约翰·斯维勒，个人交流，2020 年 4 月 21 日。我希望本节中这条关于冗余效应的脚注不构成冗余，约翰！

事实上，为了便于记忆，我想出了一个押韵的句子：“必须整合的信息应该在空间和时间上紧密联系。”（Information that must be combined should be placed together in space and time.）在学习过程中，学生经常需要整合多条信息，以了解学习任务的全貌。这种整合需要占用宝贵的工作记忆资源，所以我们要让这些信息越容易被学生记住越好。让相关信息在空间和时间上紧密联系，可以使学生更容易整合，从而减少外部认知负荷。

> 克服分散注意力效应：必须整合的信息应该在空间和时间上紧密联系。

• 保持信息在空间上的紧密联系

当人们发现有一些样例的呈现形式似乎并不奏效时，分散注意力效应由此被发现了。（Tarmizi et al., 1988）人们发现这些样例无效是由分散注意力造成的，从那时起，人们对分散注意力效应进行了一系列的研究。以下是一些来自不同学科领域的关于分散注意力与整合信息的案例。这些案例中的大多数都直接来自实证研究。在所有这些案例中，整合起来的形式都能带来更好的学习效果。

数学中的分散注意力

数学中的几何领域是许多有关分散注意力的研究发生的地方。教科书通常习惯于先画出图形，再将相关描述放在单独的文本标题中，如图 3.4 所示。

分散注意力形式（Sweller et al., 2011）[112]：

求∠ *EFB*

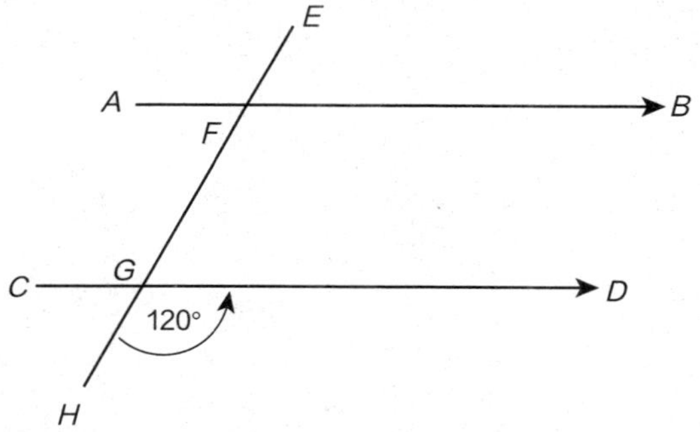

∠*GFB* =120°（平行线*AB*与*CD*的同位角）

∠*EFB* =60°（平角为180°）

图 3.4　求角度的分散注意力形式

像下面这样的整合形式，可以减少认知负荷，如图 3.5 所示。

整合形式（Sweller et al., 2011）[112]：

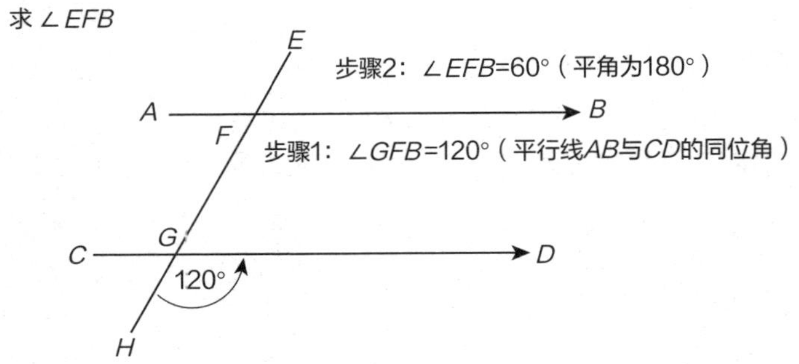

图 3.5　求角度的整合形式

在下面这个案例中，演示了如何求解直线 NC 的斜率。

分散注意力形式，如图 3.6 所示（Sweller et al., 1990）[176]：

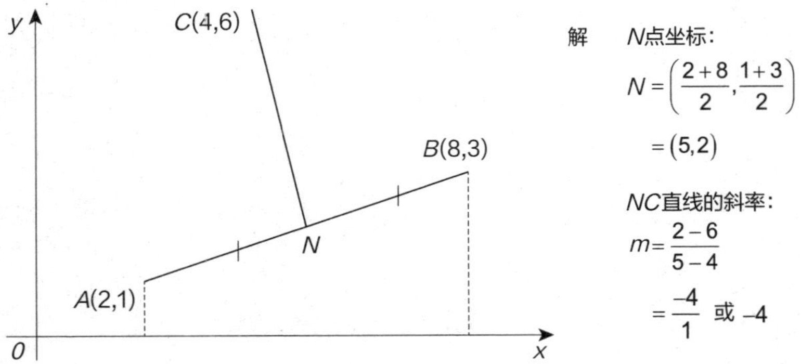

图 3.6　斜率计算的分散注意力形式①

① 原文为 $N=\left(\frac{1+3}{2},\frac{2+8}{2}\right)$，根据计算坐标的方法，应为 $N=\left(\frac{2+8}{2},\frac{1+3}{2}\right)$。

整合方式，如图 3.7 所示（Sweller et al., 1990）[176]：

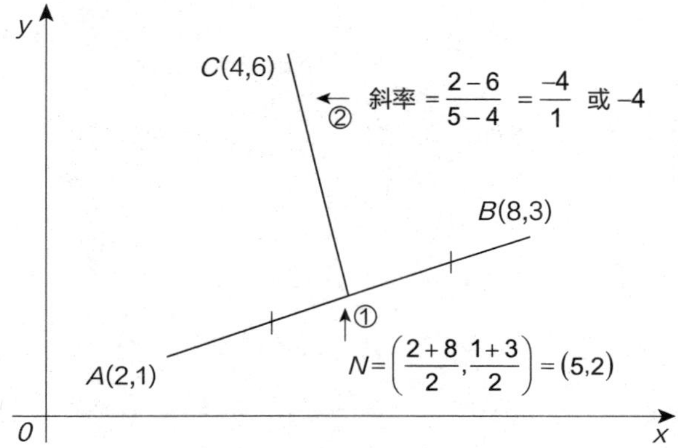

图 3.7 斜率计算的整合形式

物理中的分散注意力

对于运动学方程问题，习惯上是先呈现应用题文本，再在下面做出解答，这样容易导致分散注意力问题。

分散注意力形式（Sweller et al., 2011）[115]：

一列从静止状态出发的火车在 5 秒后达到 15 米 / 秒的速度。火车的平均加速度是多少？

解：

u = 0 米 / 秒

v = 15 米 / 秒

t = 5 秒

$v = u + at$

$$a = (v-u)/t$$
$$= (15-0)/5$$
$$= 3 米/秒^2$$

再一次的，样例中的整合形式被证明可以提升初学者的学习效果。

整合形式（Sweller et al., 2011）[115]：

一列火车从静止状态（u）出发，经过5秒（t）达到15米/秒（v）的速度［$v=u+at$，$a=(v-u)/t=(15-0)/5=3米/秒^2$］。火车的平均加速度是多少？

在这个例子中，被整合的是每个变量与它所代表的内容。例如，初学者可能会忽略这样一个事实："一列火车从静止状态出发"表明初始速度"u"等于零。将变量"u"放在"静止状态"旁边，就减少了初学者的注意力分散现象。最后的速度是"v"，也是同样的道理，以此类推。

对于已经知道"从静止状态出发"意味着"$u=0$"的"专家"学生来说，样例的这种整合形式可能会令其困惑，因为在句子中包含的"u"、"v"和其他变量相当于冗余信息（另一个专长逆反效应的示例）。

化学中的分散注意力

在最近观摩的一节八年级的关于元素周期表的课上，每个学生面前都有一张元素周期表，老师在黑板上播放了一张如图 3.8 所示的幻灯片。

学习阅读元素周期表

◇元素周期表上的每个方框代表一种元素。

◇原子序数表示该元素的质子数。

◇方框中间的一个或两个字母表示该元素的符号。

◇每个方框底部的单词表示该元素的名称。

图 3.8　元素周期表幻灯片的分散注意力形式

老师读了幻灯片的第三行，然后问："现在每个人都能在元素周期表上找到元素的符号吗？"这位老师的指令非常明确，将幻灯片上的元素描述与学生手中的元素周期表联系起来，这似乎并不是一项特别具有挑战性的任务，但仍有一些学生完成不了。我可以看到他们的眼睛在幻灯片和元素周期表之间来回扫视，显然在努力将幻灯片上的文字与元素周期表结合起来。我在课后对几个学生的提问证实了这种困惑。这就是分散注意力抑制学习的一个典型例子。

在课后的讨论中，我们就分散注意力效应进行了简短的交谈（我还提到了冗余），并集思广益，讨论如何用这些概念来改进课堂教学。我们想出了以下办法，如图 3.9 所示。

这种呈现形式删去了多余的文字，并在视觉上整合了所需的信息。

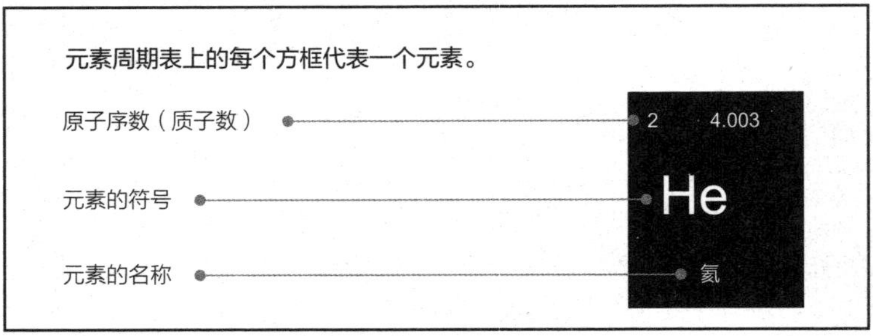

图 3.9　元素周期表幻灯片的整合形式（减少了冗余）

第二语言学习中的分散注意力

第二语言的学习往往需要将外语的文字与发音联系起来，然后再与学习者的母语中的词相联系。李（Lee）和卡柳加发现，将这三个部分放在一起，以一种整合的形式来呈现可以减少外部认知负荷，并提升学习效果，如图 3.10 与图 3.11 所示。（Lee et al., 2011）[1107]

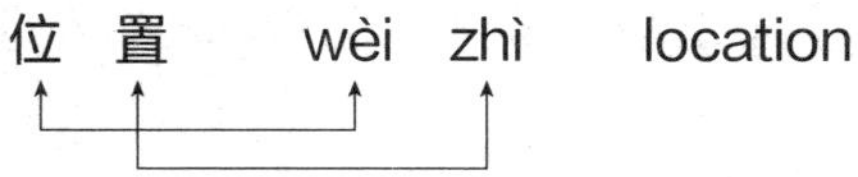

图 3.10　第二语言学习中的分散注意力形式

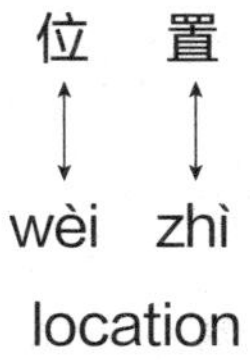

图 3.11　第二语言学习中的整合形式

地理中的分散注意力

珀内尔（Purnell）及其同事研究了地理中的分散注意力效应。（Purnell et al., 1991）他们比较了传统形式的地图（如图 3.12 所示）和整合形式的地图（如图 3.13 所示），看看哪种更有助于学生学习主要的地貌特征。

研究发现，整合形式的地图更有助于学生对这些地貌特征的理解。

从澳洲坚果种植园到科拉度假村的横截面示意图

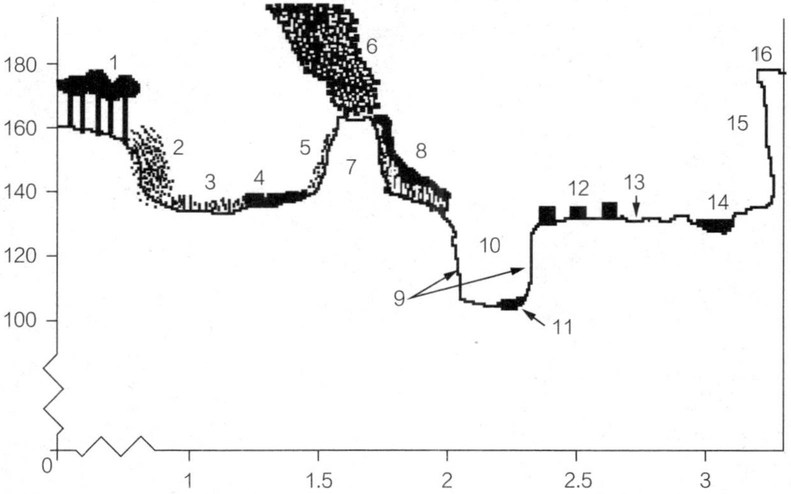

图例：1. 澳洲坚果种植园　2. 茂密的灌木丛　3. 玉米　4. 小麦　5. 零散的灌木丛　6. 烟尘　7. 恒星山（海拔 165 米，宽 200 米）　8. 林地　9. 零散的灌木丛　10. 福特峡谷　11. 城堡河　12. 塞斯镇　13. 里克公路　14. 皮尔斯湖　15. 琼崖（高 13 米）　16. 科拉度假村

垂直比例：高度（米）　水平比例：距离（千米）　平均坡度：1 : 160

图 3.12　地理中的分散注意力形式

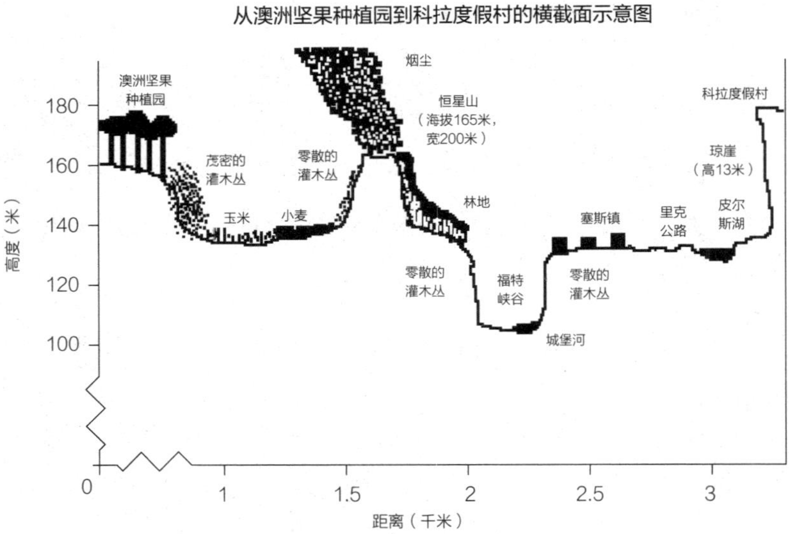

图 3.13　地理中的整合形式

音乐中的分散注意力

在学习弹钢琴时，阅读乐谱可能是一项对认知能力要求极高的任务。学生要把谱子上画的点和线同音符联系起来，再把音符和钢琴上的琴键联系起来，然后协调手指，在适当的时间按下适当的琴键。这是一个多步骤的整合过程，初学者往往难以驾驭。观看演奏者弹奏琴键的视频可以减少学习者工作记忆中需要整合的内容数量。以图 3.14、图 3.15 为例。

这样的例子不胜枚举，其重点是，当要求学生整合信息以达到完整的理解时，教师应该将信息聚集在一起，而不是使其分

图 3.14　钢琴演奏的分散注意力形式[①]

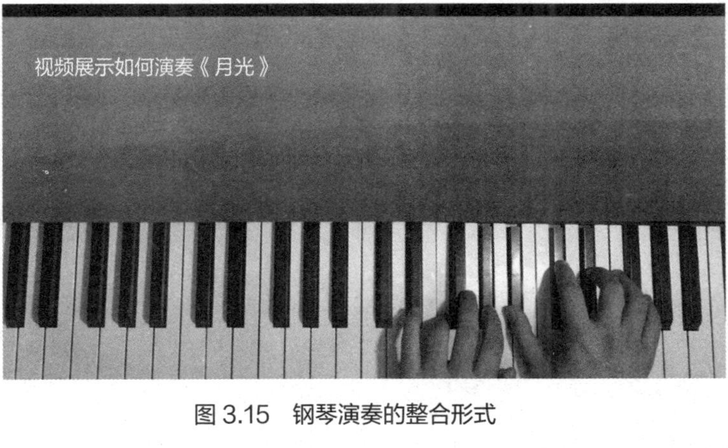

图 3.15　钢琴演奏的整合形式

---

① 资料来源：https://musescore.com/classicman/clairdelune。

开，这样学生的认知负荷才会降到最低。

在空间上分散注意力的另一个重要例子是分页。“分页”是指信息如何分布在若干页上。在呈现学习资源以及组织测试和考试时，如果一个特定的概念或问题所需的所有信息都呈现在一两页纸的单面上，就可以减轻学生的外部认知负荷。如果学生必须在多个页面之间来回翻动以整合所需的信息，那么就会分散他们的注意力。

与认知负荷理论中的所有效应一样，教师整合信息的情况取决于所期望的学习结果。上述关于音乐的例子中，如果初学者的目标是学习演奏《月光》这首曲子，他们可能会发现通过视频软件学习更容易，而不是依据乐谱。但是如果有一天他们也想学习读乐谱，这时乐谱本身就不再是多余的。同样，在地理课的例子中，如果学习的目的是学习如何阅读地图上的图标，而不是学习地形的特征，那么图标就是学习任务的内在因素，而不是多余的。

• 保持信息在时间上的紧密联系

当信息被时间分割时，学生也会经历整合过程的认知负荷。这通常发生在演示前后给出的口头或书面解释中。

在开展教学时，学生经常面临着信息被分散隔断的情况。例如，如果一位体育老师告诉学生：“同学们，我们要完成各个健身站的各项锻炼活动。请你在第一站做 10 个俯卧撑，第二站做 30 个星形跳跃，第三站做 20 个仰卧起坐，第四站做 40 个深蹲。”事实上，因为这些任务要求是在实际活动开始之前布置的，学生很难记全。一个更好的做法是教师在每个站前都放置一张 A4 纸，上面写着：“第一站：请做 10 个俯卧撑。”这种方法在时间（和空间）上将教学要求与待完成的活动放在了一起。对于在实验室上课，或开展任何其他教学活动的科学教师来说，也可以采用类似的方法，即在实际活动即将开始的时候明确教学要求。

还有一个经常影响学习的分散注意力的重要原因是过度使用首字母缩略词。当学生不熟悉首字母缩略词时，他们需要将这些字母组合的含义保留在工作记忆中，或者翻回几页以便再次查看其含义。这会让学生分散注意力。教师应尽量避免使用首字母缩略词，除非能确保班上的所有学生都能自动理解其含义（尤其是对语言学习者而言）。

与缩略词类似，使用诸如“前者”和“后者”，或“第一（个）”、“第二（个）”和“第三（个）”这样的短语，也会导致分散注意力的情况。请看下面的例子。

分散注意力形式：

为了思考，我们都要利用三个关键资源：**环境、工作记忆和长时记忆**。第一个是无限的外部信息存储库。第二个是有限的内部信息存储库。第三个是几乎无限的内部信息存储库。

整合形式：

为了思考，我们都要利用三个关键资源：环境、工作记忆和长时记忆。**环境**是一个无限的外部信息存储库。**工作记忆**是一个有限的内部信息存储库。**长时记忆**是一个几乎无限的内部信息存储库。

在上面这个分散注意力形式中，如果学生要把三个记忆成分（环境、工作记忆和长时记忆）和下面句子中提供的相关描述联系起来，就必须记住这些成分及其顺序。这种要求产生了外部认知负荷。整合形式则是让每个记忆成分直接重复出现在各自的具体描述旁边，以减轻工作记忆的负担。

虽然缩略词和诸如“前者”和“后者”这样的表达方式可以使作品更加紧凑，使作者更省事，但它们通常是以牺牲初学者的学习效果为代价的。

• 分散注意力、冗余和教学

在支持学生学习一项新技术时，无论是计算器、计算机、实验室设备还是技术室的新工具，如果同时给学生一套说明和实体设备本身，我们似乎很自然地认为学生会取得很好的学习效果。然而，关于分散注意力效应（结合冗余效应）的研究预测并证实，情况往往不是这样的。

斯维勒和钱德勒发现，当制作了一份高质量的教学手册，其中包含了学习使用基于计算机的电子表格所需的所有信息时（如图 3.16 所示），学生只学习手册的效果更好，而不是手册和计算机一起学习的效果更好。（Sweller et al., 1994）[207]

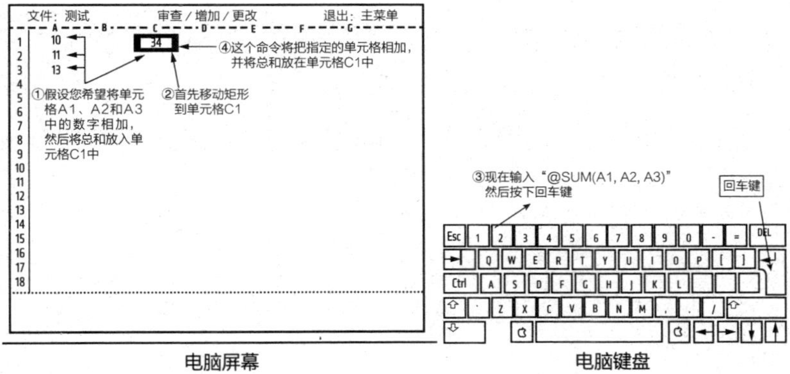

图 3.16　计算机手册示例图，该手册将计算机的图像与它的使用说明整合在了一起

此外，与可以使用计算机的小组相比，只用手册的小组的学生只需一半的时间（4.5 分钟对 9 分钟）学习如何使用电子表格和计算机。通过将图像整合到手册中，学生不需要在图像和说明之间来回切换注意力，而是在脑海中将手册和计算机本身整合起来。由于整合后的手册包含了所有需要的信息，实体计算机本身就变得多余了。

在前面的章节中，我们读到了一项研究，这项研究表明，在只有图片而不是同时有图片和多余的文字说明的情况下，学生能够更好地完成折叠圆纸片的任务。这项研究的最后一个实验包括一套直接印在圆纸片上的整合起来的折叠说明（如图 3.17 所示）。学生并没有先阅读说明书上的说明，再在脑海中将其与手中的纸片结合起来，而是简单地按照纸片上的指导进行操作。这样一来，折纸说明和纸片之间的分散注意力现象就已经被完全消除了，学生在折纸任务上可以做得更好了。（Bobis et al., 1993）[16]

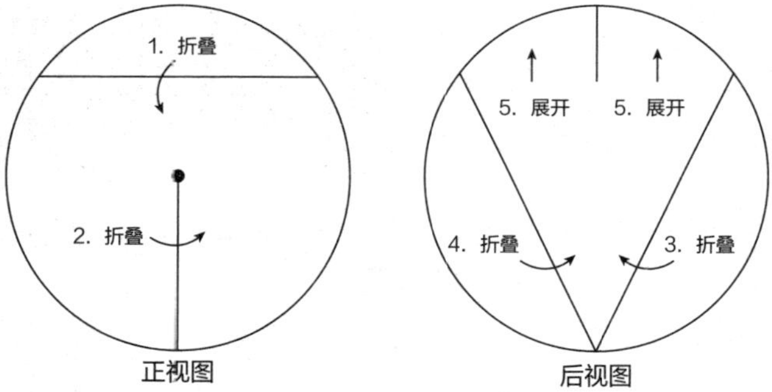

图 3.17　印有折叠说明的圆形纸片示意图（整合形式）

这里的启示是：在学习使用一项新技术的早期阶段，一个高效的教学方法是制作一本简明的手册，将信息丰富的图片和描述性的文字结合起来。这种整合形式不仅可以减少分散注意力现象，而且可能使实体设备本身变得多余，例如上述的计算机电子表格的例子。这种方法可能尤其适用于为学生进入科学实验室做好准备。学生经常会被一些新仪器弄得不知所措，而一本整合好的简明手册可以在学生接触到实体设备之前，带领他们在头脑中进行操作实践，从而加快学习进程。

在与斯维勒讨论这一节时，他强调了教师和研究人员在第一次了解分散注意力效应时经常会产生的一个误解。他们听到的建议是，整合信息是好事，于是他们开始在教学材料中整合所有的图像和文字，这是错误的。只有当信息无法被独立理解，并且是必要的而不是多余的时候，才应该将其进行时空整合。斯维勒这样描述这一观点："如果学习者不同时考虑图表和文字就无法理解它们（如∠*ABC* 在没有图示的情况下完全没有意义），那么它们应该在时空上予以整合。如果文本只是重新描述了图表，那么进行时空整合会产生负面影响，因为它迫使学习者阅读多余的文本。"（Sweller, 2020）

> 只有当信息无法被独立理解，并且是必要的而不是多余的时，才应该将其进行时空整合。

分散注意力效应告诉我们，为了减少外部认知负荷，必须整合的信息应该在空间和时间上紧密联系。

瞬态信息

当老师提到一个重点而没有被学生记下来时，或者当学生还在努力试图记住前一张幻灯片的内容以便写下它或将它应用于一个问题时，我们观察到的是一个由“瞬态信息”（transient information）引起的问题。瞬态信息是指那些转瞬即逝的信息，前一秒还在这里，后一秒就消失了。重要的是，“超认知负荷可能是由瞬态信息造成的”。（Sweller et al., 2011）[220]

总之，当信息消失后，学生必须将其保留在工作记忆中，这就造成了外部认知负荷。

> 瞬态信息效应：当信息消失后，学生必须将其保留在工作记忆中，这就造成了外部认知负荷。

但瞬态信息并不总是阻碍学习的。要使瞬态信息产生问题，“信息必须不仅是转瞬即逝的，而且还要有很高的信息容量”。（Sweller et al., 2011）[220] 一段简单的口头表述，如“7 加 3 是多少？”，不会给大多数小学低年级学生造成困难。然而，想象一下，如果要理解一个物理老师说的“根据楞次定律，铜线圈内的感应磁场会对抗磁棒运动引起的初始磁场的变化”这句话，你很快就会发现，对于学生来说，处理信息密集的瞬态信息是多么困难！

本节提供了一些策略，以减少我们在演讲、观摩教学视频和课堂讨论中与瞬态信息有关的认知负荷。

• 演讲中的瞬态信息

幻灯片是一种有用的演示形式，它允许教师在不同的时间将学生的注意力引向不同的事物，可以帮助教师有针对性地安排信息传递的节奏。它也是被很多课堂接受的常态化教学形式。但不幸的是，当涉及瞬态信息时，幻灯片是副作用最大的教学形式之一。

请看图 3.18 这组旨在教授标点符号的幻灯片。

幻灯片中清楚介绍了句号和逗号的使用规则，但当播到第 4 张“试一试”的幻灯片时，所有关于句号和逗号的信息都消失了。这意味着学生必须在工作记忆中记住句号和逗号的使用规则，同时他们还必须将这些知识应用于“试一试”的问题中。这给学生带来了很大的认知负荷，因为句号和逗号对他们来说是新的信息。

在这个例子中，瞬态信息的问题可以通过图 3.19 中所示的方式来解决。

通过在活动幻灯片上设置“记住”小方框，关键的关于句号和逗号使用规则的信息就可以供学生在需要时参考。在上述修订后的幻灯片（图 3.19）1 中，为了控制学生的认知负荷，文本应

标点符号的作用

了解标点符号

标点符号使作者的写作更容易被理解。让我们来看一些常见的标点符号。

1

标点符号：句号

句号

规则：在一个句子的末尾使用句号。

例子：我骑着自行车去了商店。

2

标点：逗号

逗号

规则：使用逗号来分隔一串并列的内容。

例子：我在商店里买了燕麦牛奶，面包，西兰花和素食香肠。

规则：逗号位于句子中的自然停顿点上。

例子：我喜欢猫，尤其是那些长着毛茸茸的大尾巴的猫。

3

标点符号：试一试

试一试：在画线的位置加上逗号或句号，使下文完整。

狗是被驯化出来与人类生活在一起的哺乳动物______而不是野生动物______它们被人类驯化了很长时间______是最早与人类生活在一起的动物______有很多类型的狗______如小猎犬____寻回猎犬____杰克－拉塞尔犬____澳洲野狗也是一种狗____但很多澳洲野狗又变成野生动物了____

4

图 3.18　含有瞬态信息的标点符号教学幻灯片

标点符号的作用

了解标点符号

标点符号使作者的写作更容易被理解。

让我们来看一些常见的标点符号。

句号

规则：在一个句子的末尾使用句号。

例子：我骑着自行车去了商店。

逗号

规则：使用逗号来分隔一串并列的内容。

例子：我在商店里买了燕麦牛奶，面包，西兰花和素食香肠。

规则：逗号位于句子中的自然停顿点上。

例子：我喜欢猫，尤其是那些长着毛茸茸的大尾巴的猫。

1

标点符号：试一试

记住：

句号：

在一个句子的末尾使用句号。

逗号：

使用逗号来分隔一串并列的内容。

逗号：

逗号位于句子中的自然停顿点上。

试一试：在画线的位置加上逗号或句号，使下文完整。

狗是被驯化出来与人类生活在一起的哺乳动物______而不是野生动物______它们被人类驯化了很长时间______是最早与人类生活在一起的动物______有很多类型的狗______如小猎犬____寻回猎犬______杰克－拉塞尔犬______澳洲野狗也是一种狗____但很多澳洲野狗又变成野生动物了______

2

图 3.19　减少瞬态信息的标点符号教学幻灯片

逐步呈现。这可以在制作幻灯片时通过相应的设置来实现。

避免这种瞬态信息效应的另一种方法是为学生提供幻灯片的打印版或数字化讲义。但是，请确保你只在学生需要的时候提供这种减少信息瞬时性的成品材料，例如将这些材料与上面第一个例子（图 3.18）中的幻灯片 4 同时使用。如果与原始幻灯片同时展示，则会带来冗余。

• 视频中的瞬态信息

视频是瞬态信息问题的另一个常见来源。如果面向全班学生播放视频，那么个别学生会无法控制信息流的速度，很可能会出现认知过载的情况。不过，我们已经制定了几种有效的策略来解决这个问题。

第一种策略是将信息切块。将较长的视频分割成易于理解的片段，并为学生提供休息时间，让他们以片段的形式处理信息，从而提高学习效率（Spanjers et al., 2010）。将视频分成易于理解的片段也有助于提高学生的参与度。一项对 690 万个大规模在线开放课程（MOOCs）教学视频的研究发现，无论视频的总长度如何，视频观看时间的中位数都为 6 分钟。（Guo et al., 2014）该研究的建议是“将视频分割成短于 6 分钟的片段”。（Guo et al., 2014）[42]

除了切块教学，为学习者提供控制权（如提供“停止”、“开始”和“暂停”按钮）也能提升学习效果。（Mayer et al., 2001）有趣的是，即使在没有停顿按钮的情况下，这种策略也能提升学习效果。（Hasler et al., 2007）这表明，如果学生觉得能控制自己的学习，他们的学习效果就会更好，无论他们是否行使这种控制权。

对视频演示的最后一项建议是，在观看视频之前，给学生准备一些预习问题。重要的是，研究表明，只有当学生真正地尝试思考了这些问题时，预习问题才会带来好处，即使对这些问题的回答是错误的也没关系。但仅仅是阅读预习问题并不能产生显著的有益效果。（Pressley et al., 1990）

还需要注意的是，这些普遍积极的预提问效应似乎只适用于视频，而不适用于阅读任务。对于视频来说，让学生回答预习问题可以增强他们对设问和非设问信息的记忆。（Carpenter et al., 2017）相反，在阅读任务之前让学生回答问题确实可以增强他们对预习问题信息的记忆，但却会削弱他们对非预习问题信息的记忆。（Carpenter et al., 2017）这可能是由于在阅读过程中，学生可以有选择地浏览文章，只充分处理与问题有关的文字。这种“略读”在学生完整地观看教学视频时是不可能的。

• 课堂讨论中的瞬态信息

在课堂讨论中，瞬态信息对学生来说也是一个持续的挑战。特别是对于英语学习者来说，一个同学或老师的评论转瞬即逝，可能会让学生跟不上趟。以下是解决这个问题的几个简单技巧。

一个屡试不爽的方法是，让教师或学生在白板上写下不同班级成员发言的关键词。这些关键词或短语形成了一个思维导图，有助于减少所涉及的大概念的瞬时性。

一些“儿童哲学”（一种促进有意义的课堂讨论的方法）的实践者使用的另一种策略是，打开一个文本文件，将其投射到黑板上，并以更完整的形式记下不同发言者在讨论中的贡献。（Gorard et al., 2015）虽然这可能只有具备键盘打字能力的教师才能做到（或者通过寻求具备这种能力的学生的帮助），但它可以大大减少课堂讨论中与瞬态信息有关的问题。当我就“解释”类的模拟考试问题向学生随机提问时，我就使用了这种策略。我会把第一个学生的回答打字打出来，然后随机提问后面的学生，请他们谈谈他们认为回答中哪些部分最有说服力，哪些部分还可以改进。随后，我在小组面前打字记录、修订答案。这种形式的答案修改比单纯的口头修改更容易被学生接受。

在结束本部分的内容之前，值得考虑的是有益的和无益的信息瞬时化之间的区别。在帮助学生积极默记和检索记忆中的信息时，教师可能会故意让信息瞬时化。例如，教师可以展示一个无懈可击的定义，如“认知负荷理论的关键建议是减少外部认知负荷，优化内部认知负荷”，然后告诉学生，他们要在心里默记这句话并告诉伙伴，他们还可能会被冷不防地要求重复这句话。在这种情况下，教师把这句话从学生眼前移开并不代表无益的信息瞬时化，而是一种刻意的策略，旨在促使学生复述这些信息，以使其从工作记忆转移到长时记忆。

在教师没有有意为学生提供知识检索机会的情况下，**当信息消失后，学生必须在工作记忆中保留信息，就造成了外部认知负荷。**

通道效应

在讨论冗余效应时，我们了解到**工作记忆中有一个部分专门用于语言处理**。这一部分处理所有的声音和语言，我们将它称为工作记忆的“听觉通道”。（Baddeley et al., 1974）为了理解“通道效应”（modality effect），我们有必要认识到**工作记忆也有一部分专门用于图像处理**，我们将它称为“视觉通道”。每当工作记忆处理任何与声音或语言有关的信息时，无论这些信息是来自外部环境还是长时记忆，都是在听觉通道中处理的；而每当工作记忆处理视觉或空间信息时，它都是在视觉通道中处理的。

通道效应指的是同时通过视觉和听觉通道呈现相关联的信息，可以发挥工作记忆“双通道”的优势。因此，通道效应有两个重要的好处：**首先，我们通过同时使用工作记忆的听觉和视觉通道，可以消除视觉上的分散注意力现象。其次，使用双通道能够比使用单一通道处理更多的信息。**

通道效应：通过同时使用听觉和视觉通道呈现信息，可以消除视觉上的分散注意力现象，并扩大工作记忆容量。

许多人把通道效应的建议和冗余效应的建议混为一谈。在冗余效应下，我们发现不应该同时呈现书面文字和口语。但现在似乎有人告诉我们，情况恰恰相反！其实并非如此。正如本节后面详细解释的那样，关键的区别在于，在冗余情况下，书面文字和口语都在工作记忆的听觉（语言处理）通道中争夺同一个空间。在通道效应中，口语利用了听觉通道，而视觉内容则占据了视觉通道。这种区别在本节的后续内容中会进行清晰的区分。

• 使用双通道来消除分散注意力现象

在之前关于分散注意力的内容中，关键的建议是："必须整合的信息应该在空间和时间上紧密联系。"然而，当两条需要整合的信息都以视觉形式呈现时，无论我们把它们放在多近的位置上，它们都不可能被完全整合。这是因为在学生先看完第一条信息，再看下一条信息时，总会有一个时间上的延迟，之后才进行心理整合。但是，如果我们把其中一条信息大声说出来，让学生听到，就可以把这两条信息真正地同时呈现出来，完全消除分散注意力的现象。

对于我们前面介绍的学习第二语言的例子，这可能看起来如图 3.20：

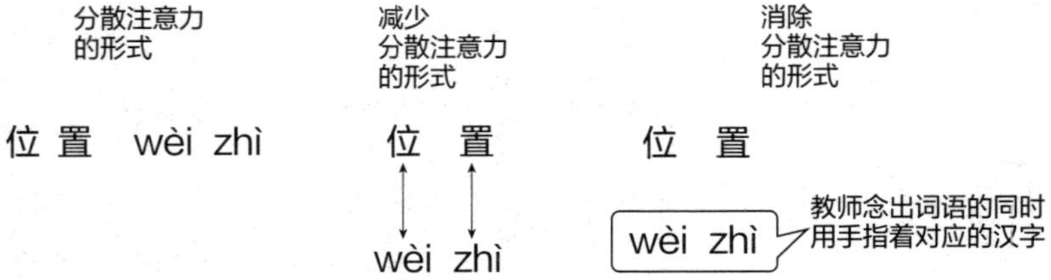

图 3.20　考虑周到的空间设计减少分散注意力现象，双通道消除分散注意力现象

教师在指着汉字位（wèi）置（zhì）的同时说出“wèi zhì”，通过学生的听觉和视觉工作记忆通道同时呈现信息。通过使用两种通道，分散注意力的现象被消除了！

这种方法同样可以用于前面关于分散注意力的所有例子，通过有策略地使用通道效应，可以消除视觉上的分散注意力现象。这在下面的例子中得到了说明：

如果教师在黑板上简单地投射出元素周期表中一个元素的图像（视觉），指着不同的信息成分，并说出（听觉）它们各自代表什么，就可以消除分散注意力的现象。（如图 3.21 所示）

学习地图知识也是如此。教师与其通过在实际图片上写出不同地标的名称来减少分散注意力的现象，不如直接指着（视觉）每个地点并说出（听觉）“这是恒星山”和“这是琼崖”来消除

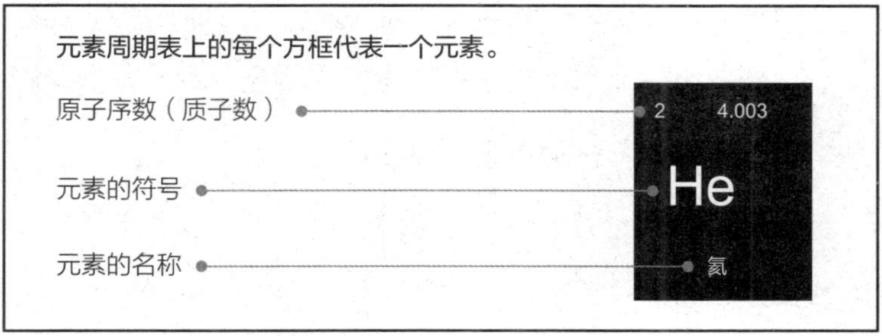

图 3.21　减少分散注意力的元素教学课堂实例（同图 3.9）

分散注意力的现象。

在我们的《月光》钢琴曲例子中，学生可以用眼睛（视觉）牢牢地盯着弹奏钢琴键的视频，并将产生的声音与自己看到的按键移动完美地结合起来。

无论何时，只要教学涉及一个可以以图像形式有效传达的概念——诸如地图、图表、示意图、音符，或者在语言学习过程中编写的脚本等——就有必要考虑使用双通道教学，通过同时充分利用工作记忆的语言和视觉通道来消除分散注意力现象。

• 利用通道效应时的瞬态陷阱

但通道效应面临着几个潜在的局限性。第一个称为“瞬态陷阱”（transience trap）。

如果一个老师给学生看一幅图，然后用口语解释这幅图，从而利用了通道效应，只要口语所表达的信息不是太复杂，这都是好的。但是，如果口语讲解对学生来说超过了一定的难度阈限，那么口语的瞬时性就会影响学生的学习。这样一来，通道效应和瞬态信息效应就处于一种紧张对立的状态。

避免这一陷阱的最简单方法是以双通道的形式展示信息，但要将解释以书面形式写出来，供学生以后参考（注意不要引入冗余，见下一部分）。如果你使用幻灯片，你可以把解释说明写在主讲人的注释区域，然后在课后与学生分享幻灯片。还有一种方法是让幻灯片只包括你计划要讲的图像，但在讲义中包含书面解释。如果你采取第二种方法，要确保当你进入演示阶段时，告诉学生“当我解释这个问题时，请合上你的书本，看着我。如果你不明白我的解释，你可以稍后重新阅读你的讲义，但现在，你只需专注于听”。这种方法还有一个好处，就是帮助你记住你对某张幻灯片的解释（你已经写下来了！），或者帮助其他老师了解你是如何上课的，如果他们将来继续使用你的课堂资源。这还为学生留下了一份没有错误的高质量解释记录，他们可以用于以后的独立学习中，同时减少了他们在你的讲解过程中不停地抄写笔记的需要，以及错误地抄写一些东西和工作记忆超负荷的相关风险。

就我个人而言，我通常用与我提供给学生的一样的讲义（打印出来的自制小册子）进行教学，而且我会将书面解释与相应的图像放在一起。基于这种形式，当我把小册子投射到黑板上时，我通过简单地放大小册子中只包括图像的部分来利用通道效应教学。如果屏幕上仍能看到一些文字，我会打开一个空白的文本注释（实际上是屏幕上的一个白框），用它来遮盖任何可能分散学生对图像注意力的文字。如果你使用的是可视化平台，也可以用一张白纸遮住要讲的文字。

在网上找到的视频经常成为瞬态陷阱的牺牲品。教师使用互联网上的视频是教学中常见的做法，目的是更清晰地演示一些视觉现象：从植物的生长，到一些机械装置的操作，或最小平方回归线的构造。不幸的是，视频的原创作者不太可能考虑到你现在所知道的所有认知负荷效应。事实上，情况往往恰恰相反，许多受欢迎的视频内容创作者出于娱乐目的，在视频中插入了大量的无关信息，包括视觉和语言上的信息，并以超快的速度进行信息传递 [《速成》（Crash Course）教育视频就是一个很好的例子]。

在这种情况下，你可以简单地将视频的原始声音静音，然后自己对画面进行讲解。这样你就可以完全控制口头呈现的信息量，帮助减少任务的整体认知负荷，同时还可以利用原创作者制作的动画，即利用通道效应。如果视频本身仍然节奏太快，另一个选择是截一些关键帧，并在你解释时以静态图片的形式呈现给学生。这使你能够演示重要过程的高质量图像，同时控制信息的视觉和听觉表述的复杂性。

• 利用通道效应时的冗余陷阱

冗余陷阱一：同时呈现书面和口头文字

现在我们已经知道，同时呈现听觉和视觉信息是有益的，但一个容易犯的错误是在屏幕上呈现书面文字的同时为学生读出来。正如我们在冗余效应中所谈到的，对于已经能够解读语言的学生来说，这并不是一个好主意。那么，冗余效应和通道效应之间有什么区别呢？

这两种效应在一些微妙但非常重要的方面是不同的，而且很容易被混淆。为了解决这个问题，表 3.1 旨在澄清二者关键的相似点和不同点。

表 3.1　冗余效应和通道效应的异同

	冗余效应 不要同步呈现书面和口语信息	**通道效应** 同步呈现图像和口语信息
视觉信息呈现	**书面文字** 在**听觉通道**中处理	**图像** 在**视觉通道**中处理
听觉信息呈现	**口头语言** 在**听觉通道**中处理	
结果	书面信息和口语信息在同一个（听觉）通道中竞争空间，导致冗余，增加了认知负荷	将图像和口语同时呈现，利用工作记忆的两个通道，扩大了有效的工作记忆容量（减少了认知负荷）

冗余陷阱二：同时呈现冗余信息

现在我们应该能清楚地看到，只有在视觉信息不是书面文字的情况下，同时呈现视觉和听觉信息才是有益的。这是有效利用通道效应的一个必要条件，但不是充分条件。第二个条件是，听觉和视觉信息在孤立的情况下无法被理解时，双通道呈现就会有效。用斯维勒及其同事的话说：

> 如果这两个信息源可以单独理解，就应该只使用其中一个，即听觉或视觉信息源。如果两个都使用，那么其中一个就是多余的，而且不得不同时处理两个信息源将导致外部认知负荷。（Sweller et al., 2011）[144]

这与分散注意力效应的关键要求之一相同。两种效应的相似之处和不同之处见表 3.2。

表 3.2　分散注意力效应和通道效应的异同

	分散注意力效应 必须整合的信息应该在时空上紧密联系	**通道效应** 同时利用工作记忆的视觉通道和听觉通道
信息源 1	**图像** 在**视觉通道**中处理	
信息源 2	**书面文字** 在**听觉通道**中处理	**口头语言** 在**听觉通道**中处理

续表

	分散注意力效应 必须整合的信息应该在时空上紧密联系	**通道效应** 同时利用工作记忆的视觉通道和听觉通道
机制	将图像和书面文字在时空上尽可能靠近，可以减少与信息整合相关的工作记忆负荷	将图像和口语同时呈现，可以利用工作记忆的两个通道，扩大有效的工作记忆容量（减少认知负荷）
要求	如果信息源 1 和 2 **在孤立的情况下无法被理解**（不容易被理解），则必须将这两个部分整合起来（分散注意力）或同时呈现（通道）	

这种“在孤立的情况下无法被理解（不容易被理解）”的概念可能有点不太好懂，所以让我们设想一个简单的例子。在一项研究中，学生听到了关于自行车打气筒如何工作的口头描述，并观看了该打气筒如何工作的操作动画。但是，如果学生只听到了口头描述，而没有看到打气筒的操作动画，则无法利用视觉和听觉两个通道理解打气筒的工作原理。或者，如果学生只看到打气筒如何工作的动画而没有听到口头描述，他们也不会很好地理解它是如何工作的。（Mayer et al., 1992）这样一来，口头描述和动画都是在孤立的情况下不容易被理解的，但结合起来却能促进理解。在这种情况下，将两者结合起来就能利用通道效应，从而提升学习效果。

> 语言和视觉信息在孤立的情况下无法被理解（不容易被理解）时，双通道呈现就会有效。

• 通道效应和双重编码

如果不提及“双重编码”（dual coding），通道效应的这一节将是不完整的。虽然这两者密切相关，但本质上是截然不同的，而且经常被混淆。简单地说，通道效应与**信息的呈现方式有关**，而双重编码则与**信息的记忆方式**有关。

通道效应关注的是在教学过程中扩大有效的工作记忆容量。相比之下，双重编码与教学后留在长时记忆中的记忆痕迹有关。如果该记忆痕迹包括基于文字和基于图像的成分，并且二者相互关联，那么重要概念就得到双重编码了。双重编码提高了记忆的稳定性，因为信息是以两种不同但相互联系的方式储存在长时记忆中的。它也提高了记忆的可提取性，因为有两种独立的环境诱因让该记忆被提取，即相关的文字或相关的图像。（Paivio, 1990）[69]

> 教学过程中的通道效应与认知负荷有关。双重编码则涉及的是教学后内容在长时记忆中的表征。

当我们思考艾伦·派维奥（Allan Paivio）独创的双重编码理论的起源时，双重编码理论和通道效应的差异性就变得更加清晰了。派维奥的理论最初是受“一个发髻，两只鞋子”的押韵记忆法的启发。也就是说，前人的经验是：如果将一系列事物与一系列数字联系起来，它们就更容易被记住；如果我们想记住“汉堡、鞋子、凳子”这几样物品，我们就可以想象“一个汉堡、一双（两只）鞋子、一张三条腿的凳子”。根据这种记忆技巧，派维奥假设：以基于文字和基于图像的形式同时存储记忆的好处可能不仅仅体现于记忆随机事物的列表，而是可以扩展到所有的记忆编码，他称之为概念联系假设。双重编码理论就是从这个假设中产生的。（Paivio, 1991）

这样一来，与通道效应不同，派维奥的双重编码理论丝毫不依赖提出视觉和听觉通道概念的工作记忆模型。事实上，在派维奥概述双重编码理论的书中，工作记忆只被提到了两次（Paivio, 1990）[69]，而且从未与理论本身有关。简单地说，**通道效应与信息的呈现方式有关，而双重编码则与信息的记忆方式有关。**

通道效应与信息的呈现方式有关，而双重编码则与信息的记忆方式有关。

但双重编码和通道效应是相关的。双通道呈现（根据通道效应）可以导致双重编码——学生可能同时记住图像和给出的口头解释——但这并不是双重编码的唯一方式。例如，教师可以完全以口头的方式解释一个概念，而学生可以很好地理解它，并建立一个长时记忆来表征这个概念。在以后的日子里，学生可能会遇到一个代表相同概念的图像，并将该图像与存储在长时记忆中的预先存在的概念联系起来。现在，与该概念有关的文字和图像都储存在长时记忆中，并相互联系。从这一点来看，环境中的相关文字或图像都可以作为对该概念记忆的触发因素。通过这种方式，记忆已经被双重编码了，但通道效应从未出现过。

在现实中，通道效应是增加信息双重编码的可能性的有效方法。它同时还消除了其他用于信息双重编码的方法可能导致的分散注意力的现象。

在结束关于通道效应的这一部分内容前，还有一点要指出。至关重要的是，我们不要把工作记忆能力的大约四到七个元素简单地“划分”为视觉和听觉记忆成分，也不要以为把视觉和听觉成分一起使用就可以使我们的工作记忆容量“翻倍”。这两种关于工作记忆的观点都是不对的，因为视觉和听觉记忆成分有些部分是独立的，有些部分是相互依赖的。就通道效应而言，利用两种通道进行信息输入，可以使我们向学生呈现更多的信息，而不会在某一特定时间内使任何一个单一通道超载。这样一来，“同

时使用两种通道就可以增加工作记忆的容量”。（Sweller et al., 2011）[131]

> 同时使用视觉和听觉通道可以增加工作记忆的有效容量。

部门会议的点子

现在，我们已经讨论了认知负荷理论的几个经典效应——冗余、分散注意力、瞬态信息和通道效应——你应该可以根据认知负荷理论来分析你的一些教学资源了。

在教工会议或小组会议中，拿出一套幻灯片、一本小册子的一部分或其他你想分析的教学资源；从中选择一个样本，如小册子的几页或几张幻灯片，作为开始。以前面几章中的一些例子为引子，开始讨论冗余、分散注意力、瞬态信息或通道效应中的一项或多项内容。如果你的教师小组对这些效应已经相当熟悉了，你们可以讨论所有的四个效应。如果小组还不熟悉这些，那最好从其中一个效应开始。

请将参加会议的教师分成两个或三个小组，让每个小组拿一份相同的资源。在一个合理的时间范围内（例如五分钟），让每个小组就相同的效应分析同一套资源，重点是集思广益，注重如何根据效应更好地改进资源。让各小组比较他们的结论，看看是否有小组以不同的方式解释了这些效应的影响，或发现了以不同方式改善资源的机会。同时也一定要注意那些在资源中已经做得很好、符合认知负荷理论的内容。

如果你是部门主管，你可能想首先对自己提供的资源进行分析。这与丹·科伊尔（Dan Coyle）的论断一致，即为了建立群体信任，你可以“确保领导者首先和经常处于‘弱势’”。（Coyle, 2018）一个领导者愿意让他人分析自己所做的工作，表明他对改进持开放态度，并树立了这样的一种信念：作为教师，无论我们的专业知识或经验如何，我们都可以变得更好。

此外，还可以采用更高级的方法，将教师分成四组，每组专注于一种效应（冗余、分散注意力、瞬态信息、通道效应），并收集四套不同的教学资源，向每组分发一套。设置一个五分钟的计时器，让每个小组就给定的认知负荷效应分析自己的资源。时间一到，每组将手里的资源顺时针送到下一个小组，并让下一组分析。连续进行四轮，直到每组都对每套资源进行了分析，并与每种效应相关联了。最后，大家一起讨论这些教学资源的范式，以及根据这四项认知负荷理论的建议来改进范式的方法。

安排练习

我们现在已经讨论了各种各样的策略，这些策略使我们能够在信息呈现过程中有效地减少外部认知负荷，并优化内部认知负荷。除此之外，我们还需要一些方法来“安排练习”（structure practice），以帮助学生在特定的领域内实现从新手到专家的转变。最后这一部分将详细探讨认知负荷理论为实现这一目标所提供的建议。

样例

在关于认知负荷理论的开创性著作中，斯维勒、艾瑞斯和卡柳加写道：“可以说，样例效应（worked example effects）是认知负荷理论效应中最重要的。”（Sweller et al., 2011）[108] 然而，尽管样例的好处可能是认知负荷效应中最显著和最重要的，但它们也经常被误解。

大多数熟悉认知负荷理论的人都知道，样例研究通常将借助“样例”（worked example）的学习与借助“问题解决”（problem solving）的学习进行比较。大多数人也知道，这项研究报告指出，在学习完成一项任务的早期阶段，作为一种教学方法，样例往往比问题解决的效率更高。然而，当我们开始探索“样例”和“问题解决”这两个术语的含义时，就会出现困惑。

举例来说，思考斯维勒和库珀（Cooper）在关于样例主题的初始研究中进行的以下实验处理。（Sweller et al., 1985）

首先，向学生展示两个条理清晰的样例，如以下内容：

1. 对于等式 $a=ag+b$，用其他变量来表示 a：

$$a=ag+b$$

$$a-ag=b$$

$$a(1-g)=b$$

$$a = \frac{b}{1-g}$$

2. 对于等式$\frac{b(a+c)}{e}=d$，用其他变量表示a：

$$\frac{b(a+c)}{e}=d$$

$$b(a+c)=ed$$

$$a+c=\frac{ed}{b}$$

$$a=\frac{ed}{b}-c$$

来自斯维勒和库珀对样例的初始研究。（Sweller et al., 1985）[70]

然后，问学生是否有任何疑问，并回答学生的问题，直到他们说对样例有很好的理解且并无其他疑问了。

最后，为学生准备八个问题，每种类型四个，作为练习。

对你来说，这像是通过样例进行的教学吗？

对我来说确实如此：提供清晰的样例，给学生时间来思考处理，让他们提出问题来澄清，然后给他们一套类似的问题来练习。我还猜测，这种教学方式准确地反映了大多数教师说“我使用样例进行教学”时的意思。

然而，挑战在于，这根本不是认知负荷理论所说的“样例”的意思！事实上，刚刚描述的教学程序——呈现两种问题类型的样例，然后让学生练习八个相关问题——正是斯维勒和库珀在这项开创性研究中提出的与样例对立的通过**问题解决来教学的**

情况。（Sweller et al., 1985）

当我发现这一点时，我感到很震惊。我以为认知负荷理论研究中的问题解决是指像美国国家数学教师委员会的定义那样：“从事一项事先不知道解决方法的任务。”（National Council of Teachers of Mathematics, 2000）[52]。但事实并非如此，认知负荷理论中的问题解决的概念其实是我以为的样例的概念！

在认知负荷理论中，样例一词并不是指首先用来教学生如何解决某一特定问题类型的实例。相反，样例指的是学生在教师的初步讲解之后所做的指导性练习。在与斯维勒的讨论中，他对此描述如下：“样例是对原来要求学生在课后解决的问题清单的一种替代。它们并不能替代教师上课所讲的东西。”（Sweller, 2020）

> 样例是对原来要求学生在课后解决的问题清单的一种替代。它们并不能替代教师上课所讲的东西。
>
> ——约翰·斯维勒

简而言之，在教师的教学和学生完全独立的练习之间，有一个练习阶段，在这个阶段，最好是用难度递增的样例作为支持，如图 3.22 所示。

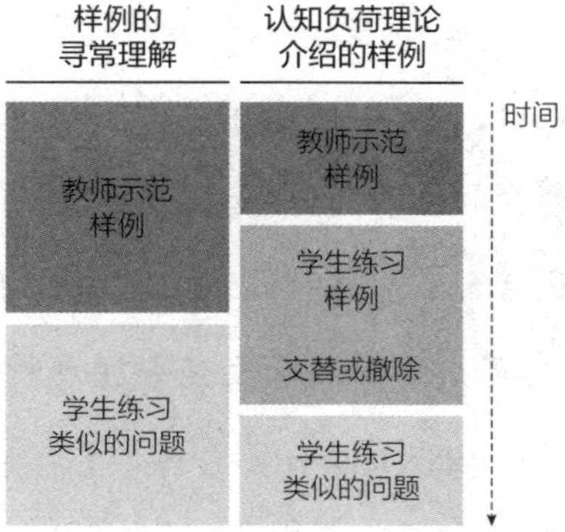

图 3.22　样例与练习

接下来会着重于探讨如何有效地设计用于学生练习的样例的问题。

在阅读研究报告的过程中，我发现了这类样例要想取得成功的两个核心条件。为了使样例发挥作用，我们必须建立**“结构”并使其能够“持续”**（structure and persist）。

所谓**“结构”**是指，样例必须以最大限度地减少外部认知负荷的方式来建构。这意味着要考虑到本书已经概述的认知负荷理论效应，如冗余、瞬态信息、分散注意力和通道效应等的影响。

我们很容易认为，样例是有效的，因为它们是“奏效的实例”。一个条理不清晰的样例呈现给学习者，可能不会比解决同等问题更有效，甚至可能效果更差。如果与问题解决相比，外部认知负荷没有减少，那么使用样例就不会有效。（Sweller et al., 2011）[107]

所谓**“持续”**是指我们必须多次使用样例，时间远远超过传统上认为的必要时间。斯维勒及其同事写道：

> 在学生熟悉新材料之前，教师通常会使用样例，但在学生熟悉了之后，教师通常会放弃这一做法，用常规问题取代样例。教师如果能坚持使用样例，直到学生完全熟悉材料，这可能是有益的。（Sweller et al., 1985）[87]

现在我们来看看认知负荷理论文献中向学生提供样例的两种重要策略，即**交替策略**和**撤除策略**。

• 交替策略

“学习示例和解决问题的最有效的方法是给出一个样例，然后立即按照这个样例要求学习者解决一个类似的问题。”（如图 3.23 所示）（Sweller et al., 2011）[104]

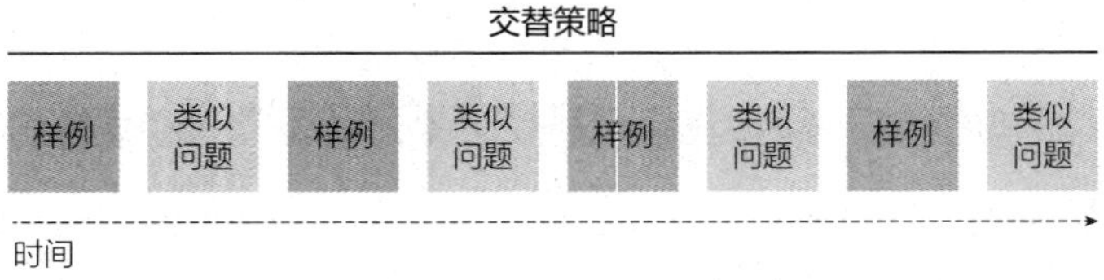

图 3.23　交替策略与样例

这就是“交替策略”（alternation strategy），它与教师在课堂上用前 20—30 分钟进行问题解决的示范，然后让学生在之后完成独立练习的普遍做法形成鲜明对比。在传统的教学中，学生的工作记忆在漫长的教学阶段完全超负荷，从而影响了学习，他们往往因此而分心或失去学习兴趣。

通过在使用短小精悍的样例和让学生解决类似问题之间交替，交替策略（有时也被称为样例－问题配对）可以使教学内容保持在学生工作记忆可以承受的范围内。

值得一提的是，交替策略的另一个明显的好处是它对学习动机的影响，“如果学习者期望能解决类似的问题，他们就会有动力去思考加工这个样例”。（Renkl, 2014）[4]

> 学习示例和解决问题的最有效的方法是给出一个样例，然后立即按照这个样例要求学习者解决一个类似的问题。
>
> ——约翰·斯维勒

数学中的交替策略

在数学中，两个样例－问题配对的序列可能看起来如下：

这是一个由两个样例－问题配对组成的基础级序列（我们将在后文的自我解释中对此进行阐述），但我们已经可以从中看到一些关键特征：首先，样例和学生要解决的配对问题之间的差别很小；其次，样例 1 和样例 2 之间只有一个简单的变化（如将减法改为加法）。

样例 1

问题：求解 $3x-6=12$

步骤 1：在两边加 6，然后化简

$$3x-6+6=12+6$$

$$3x=18$$

步骤 2：两边除以 3，然后化简

$$\frac{\cancel{3}x}{\cancel{3}}=\frac{18}{3}$$

$$x=6$$

样例 2

问题：求解 $3x+6=12$

步骤 1：在两边减去 6，然后化简

$$3x+6-6=12-6$$

$$3x=6$$

步骤 2：两边除以 3，然后化简

$$\frac{\cancel{3}x}{\cancel{3}}=\frac{6}{3}$$

$$x=2$$

类似问题 1

问题：求解 $2x-4=10$

类似问题 2

问题：求解 $2x+4=10$

通过确保样例和问题之间以及连续的样例之间只有微小的变化，我们可以严格控制学生的认知负荷。这种序列对一些学生来说可能显得太简单了，但如果学生是初学者，这种“微小变化”的方法可能会帮助他们以适当的速度完成教学内容。

科学中的交替策略

区分自变量和因变量是学生们容易出错的一项任务。帮助学生区分自变量和因变量的样例 – 问题配对如下：

与上述数学的例子一样，这里的样例 1 和样例 2 之间也只有微小的变化。这个序列的主要变化是在实验的初始描述中提到了自变量和因变量的顺序。

样例 1	类似问题 1
学生做了一个实验，他们从不同的高度扔下一个球，并计算它落地的时间。 问题：请指出这个实验中的自变量和因变量，并解释你的回答。 自变量是下降高度（米）。这是因为下降高度是由实验者改变的变量。因变量是落地时间（秒）。这是因为落地时间是受自变量变化影响的。	一位老师做了一个实验，他改变了溶液中盐的浓度并测量了溶液的比热容。 问题：请指出这个实验中的自变量和因变量，并解释你的回答。
样例 2	**类似问题 2**
一组学生记录了钟摆的周期（它来回摆动的时间）是如何根据摆锤质量的变化而变化的。 问题：请指出这个实验中的自变量和因变量，并解释你的回答。 自变量是摆锤质量（千克）。这是因为质量是由实验者改变的变量。因变量是周期（秒）。这是因为周期是受自变量变化所影响的。	一位科学家记录了一个弹射器的射程（弹丸的飞行距离）是如何根据其初始发射角度的变化而变化的。 问题：请指出这个实验中的自变量和因变量，并解释你的回答。

交替策略对在这些科学情景下使用的关键词进行预先教学也会有所帮助，包括代表变化（变化、改变、更改、操纵）和因果关系（基于、因为、产生、导致）的词语。

英语中的交替策略

对于学生来说，要想用英语生动准确地表达自己的想法，他们必须对各种句型的恰当使用有深刻的理解。下面是一个例子，说明样例如何帮助学生学习恰当地使用重要的句子“模板”来表达自己的想法：

这种方法可用于教授各种句子结构、新词汇或较长文章的写

样例

我们正在练习使用短语：

……**与此相对**，……

“与此相对”用于表明在对比前后提出的观点是对立的，或几乎是对立的。

食物的例子：

我最喜欢的食物是烤豆子。**与此相对**，我的弟弟讨厌它们！

电影的例子：

哈里认为《黑客帝国》是一部优秀的电影。**与此相对**，我认为它很无聊。

运动的例子：

我踢足球的水平很差。**与此相对**，法杜马非常擅长！

音乐的例子：

我的爸爸喜欢古典音乐。**与此相对**，我的妈妈是重金属音乐的忠实粉丝。

学校科目的例子（较难）：

在英语中，表示人名时，名在前姓在后。**与此相对**，在中文中，表示人名时，姓在前名在后。

类似问题

用“……**与此相对**，……”来完成以下题目。

不要忘记这个逗号！

食物的例子：

电影的例子：

运动的例子：

音乐的例子：

学校科目的例子（较难）：

作。对于渴望进一步探索有效使用样例－问题配对（以及更多方法）的英语教师，我强烈推荐朱迪·霍奇曼和娜塔莉·韦克斯勒的《写作革命》，以及汤姆·尼德汉（Tom Needhan）关于将认知负荷理论应用于英语学科的博文集。

样例也可用于教授完整的论文写作。在一项研究中，研究人员向一组英文文学专业的学生提供了以范文形式出现的样例。（Kyun et al., 2013）这些样例的主题与学生后来写作的主题相似，但不完全相同。研究发现，即使对照组被给予了额外的论文写作练习以匹配样例组的学习时间，但最终结果仍是学习样例组的学生比对照组写出了更好的论文。

我在撰写硕士论文时，也体会过样例的好处。在我找到两篇高质量的、与主题略有关联的硕士论文的例子前，我完全没有方向，不知道从哪里开始。找到样例后，我对自己要写的东西有了清晰的认识。写作范例可以帮助学生理解教师对他们的期望，并能让他们了解到写作专家为表达自己的想法所采用的各种结构和方法。

与作业有关的交替策略

作为一名教师，经常会遇到因为被“卡住”而提交未完成的作业的学生，而样例研究中最令人振奋的领域之一是研究它们在家庭作业中的功效。沃德（Ward）和斯维勒的一项研究是让一个控制组的学生完成十道标准的家庭作业题（五对非常相似的问题），与之相对的是采用交替策略的样例组，具体实验条件如表 3.3 所示。（Ward et al., 1990）

表 3.3　控制组与样例组的实验条件

任务	1a	1b	2a	2b	3a	3b	4a	4b	5a	5b
控制组	问题	问题	问题	问题	问题	问题	问题	问题	问题	问题
样例组	样例	问题	样例	问题	样例	问题	样例	问题	样例	问题

样例组的学生在第二天的测试中的表现明显更好，尽管他们自己只完成了五道而不是十道问题。我们通常认为留家庭作业的目的是“巩固”，但常出现的现实情况是，学生还没有准备好进行巩固，他们仍然处于学习过程的习得阶段。我们要再次提醒：“如果能坚持使用样例，直到学生完全熟悉材料，这可能才是有益的。”（Sweller et al., 1985）[87]

与学生反思有关的交替策略

实践证明，样例对于支持学生提高其反思性学习日志的质量也很有效。赫布纳（Hübner）和同事证明，通过接触样例，学生能学会更有效地反思学习；这种效果会帮助学生在下一个学习主题中更好地撰写日志，以及在下一个主题中改善学习结果（这两个例子都是学习迁移）。（Hübner et al., 2010）

• 撤除样例

对于学生来说，有时从一个完整的例子跳到一个需要独立完成的类似问题可能太具有挑战性，在这种情况下，撤除（fading）可能是一个强有力的策略。撤除——也被称为“补全题”（completion problems）——先向学生展示一个完整的样例；接着再展示一个类似的样例，同时隐去其中一部分内容，让学生补全；然后再继续提供一个类似的样例，同时再隐去其中一部分内容，逐渐增加学生补全任务的比例。如图 3.24 所示，在学生独立解决完整问题之前，逐步对样例进行撤除，直到学生可以独立完成整个任务。（Clark et al., 2011）[199]

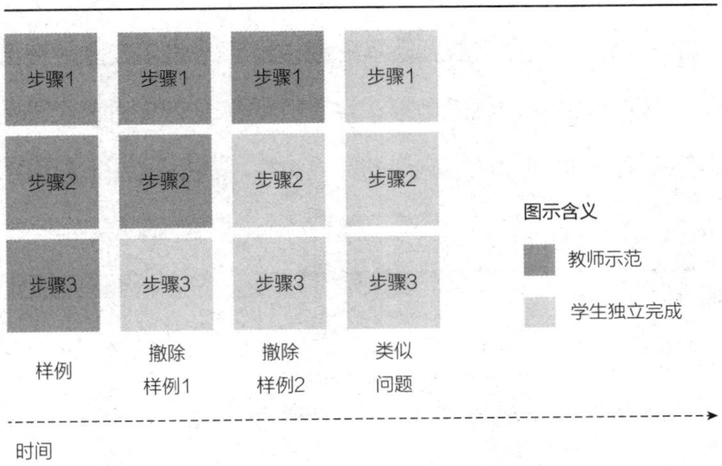

图 3.24　撤除样例概览

图 3.24 中的过程被称为“逆向撤除”，因为第一次被撤除的是样例的最后一步。当学生要补全的第一个样例中被撤除的是第一步时，就会出现“正向撤除”。我还尝试过所谓的“等高线撤除”，即首先撤除样例中最难的那步（“峰值”），然后从该关键解题步骤向前后方向均匀地撤除。

施旺克（Schwonke）与伦克尔及其同事发现，即使与能为学生提供巨大帮助的、“在任何时间点，学生都可以要求导师提供提示，并可以收到基于计算模型的适当且及时的反馈和提示”

的、基于计算机的学习环境相比，逐渐撤除的样例也能让学生更快地学习并更深入地理解概念。（Schwonke et al., 2009）[260]

英语中的撤除样例

之前提到的英语交替问题可以通过以下方式变成撤除支架的问题，这对小学生、英语是第二语言的学生或有特别困难的高中生可能会有帮助。

> **撤除样例**
>
> 我们正在练习使用短语：
>
> ……**与此相对**，……
>
> “**与此相对**”用于表明在对比前后提出的观点是对立的，或几乎是对立的。
>
> 例子：
>
> 我最喜欢的食物是烤豆子。**与此相对**，我的弟弟却讨厌它们！
>
> 练习 1a：
>
> 哈里认为《黑客帝国》是一部优秀的电影。
>
> **与此相对**，我认为它______。
>
> 练习 1b：
>
> 我踢足球的水平很差。**与此相对**，法杜马______！
>
> 练习 1c：
>
> 我的爸爸喜欢古典音乐。**与此相对**，我的妈妈是______的忠实粉丝。
>
> 练习 2a：
>
> 我最喜欢的食物是烤豆子。**与此相对**，____________。
>
> 练习 2b：
>
> 我最好的朋友不善于打乒乓球。
>
> **与此相对**，____________。
>
> 练习 2c：
>
> 我非常喜欢听说唱。**与此相对**，____________。

对于第 3、4、5 部分，记得在“**与此相对**”后面加上这个逗号。

练习 3a：

我最喜欢的食物是烤豆子。**与此相对**＿＿＿＿＿＿。

练习 3b：

我最好的朋友并不擅长打乒乓球。**与此相对**＿＿＿＿＿＿。

练习 3c：

我非常喜欢听说唱。**与此相对**＿＿＿＿＿＿。

练习 4a：

我的老师喜欢吃咖喱。＿＿＿＿＿＿。

练习 4b：

我的老师是个网球迷。＿＿＿＿＿＿。

练习 4c：

我的妈妈喜欢听爵士乐。＿＿＿＿＿＿。

练习 5a. 给出你自己关于食物的例子：

练习 5b. 给出你自己关于运动的例子：

练习 5c. 给出你自己关于音乐的例子：

练习 6. 给出一个你自己选择的例子：

正如上述例子中你所看到的，1、2、3、4、5 每个阶段都让学生有机会做更多的练习。值得注意的是，虽然上面的例子都是一起介绍的，但对学生来说，在几个课时内完成这个序列是很有帮助的，这有利于他们进行间隔练习。

音乐中的撤除样例

如果一个学生正在练习一首具有挑战性的乐曲，并为一组特别困难的小节而苦恼，那么在这里也可以合理使用撤除样例策略。教师可以鼓励学生先演奏最后一小节，甚至先演奏最后一串音符组合，当他们掌握了这部分曲子后，再逐步进行逆向练习。（如图 3.25 所示）

这种方法有一个额外的好处，那就是它能确保学生的学习有一个很好的收尾，并让他们准备好从多个不同的位置演奏这首曲子。这就避免了当学生犯了一个错误时需要回到开头才能继续演

图 3.25　音乐中的撤除样例

奏的问题。

保罗·欧文（Paul Owen）博士期间的研究重点是将认知负荷理论应用于音乐教学。在欧文的研究中，他证明了样例在应用于音乐理论领域时也是非常有效的。（Owens et al., 2008）

小学低年级样例

“计数”是学生在识数的早期阶段需要掌握的一项宝贵技能。当学生在学习计数或背诵字母时，他们经常会发现，如果自己犯了一个错误，就必须从头再来。

例如，7 和 3 相加时，很多学生会先数到 7，只有先数到 7 后，才会继续数“8、9、10”。计数的逆向撤除可以帮助学生以比其他方式更快的速度学习“计数”。

这种方法可以如下面所示开始：

教师：今天我们不一起数到 10，我要数到 9，到时候我要你们说“10”。开始。1、2、3、4、5、6、7、8、9……

学生：“10”。

老师：好，让我们多练习几次。

（继续练习）

老师：好的，现在我数到 8，然后我要你们说“9、10”。开始……

这是一个帮助学生“计数”的有效方法。一旦学生能够做到这一点，教师就可以从计数的开始逐步撤除数字。可以这样做：

老师：我们现在要做同样的事情，但我不打算从“1”开始。而是从“2”开始。我说“9”之后，你就说“10”。

（进行练习，可用拍手或拍打来代替“1”）

老师：这次我要从“3”开始，当我说到“8”时，你们跟着我说“9、10”。

最终，全班同学都会达到可以这样进行口头计数的程度：

老师：从 7 开始，再数 3 个数。

学生们：8、9、10。

老师：从 4 开始，再数 4 个数。

学生们：5、6、7、8。

类似的方法可以用来帮助学生浏览字母表，学生不需要每次都回到字母表的起点。

撤除式方法也可用于帮助学生学习间隔计数。如果教师计划帮助学生学习隔 3 计数①，教学过程可以如下：

◇ 学生一起大声数到 36（从 0 开始，下同）。

◇ 数到 36，每隔 3 强调一次数到的数（大声说出来，这很有趣），其他数正常数出来。

◇ 数到 36，每隔 3 正常说出数到的数，它们之间的数字则小

① 这个例子的灵感源于罗恩·吉本工作室成员在 2020 年澳大利亚的维多利亚州吉普斯兰投资分享最佳实践会议中的内容。

声说出来。

◇ 数到 36，每隔 3 强调一次数到的数，其他数字则小声说出来。

◇ 数到36，只数出每隔3的数字，并在桌子上敲打其他数字。

◇ 做同样的动作，但这次不要明显地敲打。

◇ 做同样的动作，挑战学生不要晃头或做任何从外部看是在计数的事情。

◇ 从 0 到 36 以 3 为间隔跳着数数。

根据学生的情况，这可能在一节课内就能实现，也可能在几节课内实现会更好。需要你通过让学生定期重复练习来强化这一能力，直到学生们将该能力实现自动化。

• 为什么样例能够发挥作用？

正如我们现在所知道的，在一个特定的领域内，专家和新手之间的一个关键区别在于他们在长时记忆中所储存的“情境→行动”组合的集合不同。专家拥有一个庞大而有条理的集合，他们在相关情况下会自动化地使用这些集合。与此相反，新手只有有限的“情境→行动”组合的集合，并且对每一个“情境→行动”组合的调用都是缓慢而费力的，而且有时会在不恰当的情况下使用。

这意味着，为了帮助新手成为专家，我们首先需要帮助他们建立“情境→行动”组合的集合，并在长时记忆中以适当的方式组织这个集合。这种对“情境→行动”组合——或任何知识——的有组织的集合被统称为“图式”（schemas）。（Chi et al., 1982）

鉴于此，问题就变成了：“最快速、最有效地帮助学生建立这种‘情境→行动’组合的集合的方法是什么？”对于这个问题，认知负荷理论认为，最快将有条理的知识纳入长时记忆的方法是从专家那里借鉴，即所谓的“借力和重组原则”（borrowing and reorganising principle）（Sweller et al., 2011）；而样例则有助于此。简单地说，样例“为学习者提供了一个专家的问题解决模式，供其学习和模仿”。（Atkinson et al., 2000）[181]

> 最快将有条理的知识纳入长时记忆的方法是从专家那里借鉴。

这种方法是有效的，因为它最大限度地减少了学生学习错误内容的可能性。当学生自己发现信息间的联系时，很有可能这些联系并不准确。但从专家那里借鉴来的知识结构则确保了准确性。用斯维勒等人的话说：“借鉴来的信息已经组织好了，而且很可能是恰当的……因为它们的有效性已经被检验过了。”（Sweller et al., 2011）[31] 当我们考虑到学生天生持有的“错误概念”（misconceptions）的数量时，从专家那里借鉴有条理的信息的价值就变得很明显了。错误概念是学生根据自己对世界的推理而建立的不正确的知识图式。通过从专家那里借鉴图式，新手可以减少持有错误概念的数量。

这就是样例的作用，它是帮助新手获得专家的知识结构的有效方法。

- **样例效应的边界条件**

与前面提到的所有认知负荷效应一样，当学生在学习过程中跨越了初学者阶段后，专长逆反效应就有意义了。一旦学生掌握了解决某一特定类型问题所需的知识，他们将从问题解决的练习中获益，而不需要后续再提供样例。这是因为问题解决为中等水平的学生提供了他们所需的练习，使他们对专业知识的掌握更加熟练，能够进入“自动化”的阶段。（Kalyuga et al., 2001）

本部分讨论了教师在提供结构正确、难度适宜、方式恰当和时间合适的样例方面的作用：**结构、持续、交替、撤除**。然而，在充分利用样例所提供的学习机会方面，学生也起着至关重要的作用，这就是下一部分的主题。

自我解释

为了让学生从样例中获得最大的收获，仅仅把样例作为解决类似问题的范本是不够的，学生还必须对样例进行自我解释

（self-explanation）。（Busch et al., 2008）当学生从基本原理的角度向自己解释一个样例时，或者当他们向自己解释为什么一个特定的原理可以应用于一个特定的样例时，他们就是在自我解释。（Renkl et al., 2019）虽然这个定义和本节的重点是研究样例的自我解释，但学生也可以在问题解决或阅读文本时进行自我解释。本节还关注基于原理的自我解释，这只是文献中广泛定义的自我解释的一个子集。

> 当学生从基本原理的角度向自己解释一个样例时，或者当他们向自己解释为什么一个特定的原理可以应用于一个特定的样例时，他们就是在自我解释。

基于原理的自我解释之所以特别重要，主要有两个原因：第一，将样例与基本原理联系起来，可以让学生透过问题的表面特征看到其深层结构。（Chi et al., 2012）专家根据问题的内在结构进行分类，而新手则根据问题的表面特征进行分类（Chi et al., 1981），因此，帮助学生关注深层结构有助于他们以专家的方式构建自己的知识。第二，基于原理的方法为知识迁移提供了基础。通过这种“类比推理”，当将来面对类似的问题时，学生可以想：“这看起来像我以前看到的那个问题，也许我可以在这里应用类似的原理！”（Ross, 1989）

帮助学生开始有效地进行自我解释的主要方法是提示他们这样做。但不是所有的自我解释提示都是一样的。自我解释提示的核心特征之一是它们位于从具有特定性到具有一般性的范围内。**特定样例的自我解释提示**会在特定的时间插入样例，以促使学生当场进行自我解释。**一般性自我解释提示**是为了帮助学生养成自我解释的习惯，并能将这些习惯迁移到新的情境中。

这种从特殊到一般的理念也适用于更普遍的教育教学。这个理念很重要，因为其中包含了一系列的取舍。比较特定和具体的教学方法会带来更快、更可靠的结果，但这些结果不太可能迁移到非直接相似的情况下。相比之下，更一般和抽象的方法让当下学习的成功更具有不可控性，但当学习过程确实发生时，这种学习更有可能迁移到新的和不同的情境中。这也是特定性与一般性自我解释提示的情况。通过以下的例子，关于特定与一般的好处和权衡的重要观点将变得更加清晰。

• 特定样例的自我解释提示

下面的样例展示了一系列来自不同学科的特定样例的自我解释提示。它们也是从较高的提示程度（如多项选择式的提示）向较低的提示程度（如自由回答式的提示）发展的。

数学中针对样例的自我解释提示

在前文“数学中的交替策略”中，我们看了一个演示解 $3x-6=12$ 的 x 的样例。这个样例的问题是：虽然它显示了所有必要的步骤，但没有提到每一步为什么要这么做。

为了改进这一点，必须支持学生将最初的样例与可用于解决该问题以及今后其他类似问题的原理联系起来。对于上述这样的方程式，一个有效的方法是教授“SMEG”。SMEG 代表：减法（subtraction）[加法（addition）]、乘法（multiplication）[除法（division）]、指数（exponents）、分组（groups）。

要让学生自我解释这一原理，首先必须让他们学会这一原理。教师可以呈现以下样例来帮助学生学习：

样例 1	类似问题 1
问题：求解 $3x-6=12$ 问：为了求解 x，我们需要消除什么？ 答：在含 x 的一边的运算，即 ×3 和 –6。 问：我们首先要消除其中的哪一个？ 答：“S”（减法和加法）在 SMEG 中是第一位的，所以我们先用逆运算 +6 来消除 –6。 步骤 1：在两边加 6，然后化简 $3x-6+6=12+6$ $3x=18$ 问：下一步是什么？ 答：我们可以用逆运算 ÷3 来消除剩余的 ×3。 步骤 2：两边除以 3，然后化简 $\frac{\cancel{3}x}{\cancel{3}}=\frac{18}{3}$ $x=6$	问题：求解 $2x-4=10$

一旦学生对 SMEG 方法有了一定的了解，他们就可以过渡到自我解释的问题，比如下面的问题（注意：下面样例中加着重点的内容代表了一个学生理想情况下的回答。请不要向学生提供填写了答案的自我解释活动）：

样例

丹妮完成了下面的问题：

问题：求解 $3x+6=12$

步骤 1：在两边减 6，然后化简

$3x+6-6=12-6$

$3x=6$

步骤 2：两边除以 3，然后化简

$\frac{3x}{3}=\frac{6}{3}$

$x=2$

自我解释提示

问：在第 1 步中，丹妮是如何知道要从消除 +6 而不是 ×3 开始的？

丹妮知道为了得到 x，她需要消除 ×3 和 +6。丹妮想到了“SMEG”，意识到她应该先消除减法（SMEG）。

问：在第 2 步中，丹妮是如何知道两边都要除以 3 的？

丹妮想消除 ×3，所以她知道要用逆运算 ÷3。

上面提供的学生回答样本是我们希望帮助所有学生都达到的对原理的理解水平。

这里需要强调的是，这种自我解释提示不需要书面回答。还有一种非常有效的方法是在黑板上展示一个样例，同时展示这些自我解释提示，让学生两两分享答案，然后再叫一个学生来和全班分享（随机挑选，通常使用姓名签）。事实上，这种自我解释的口头练习是有助于学生完成书面回答的极佳方法。

如果学生还没有准备好用完整的句子进行自我解释，另一种方法是用填空式的自我解释提示来给学生提供支持，即文献中所称的“辅助式”自我解释提示。（Berthold et al., 2009）[346] 案例如下所示：

问题：

求解 x

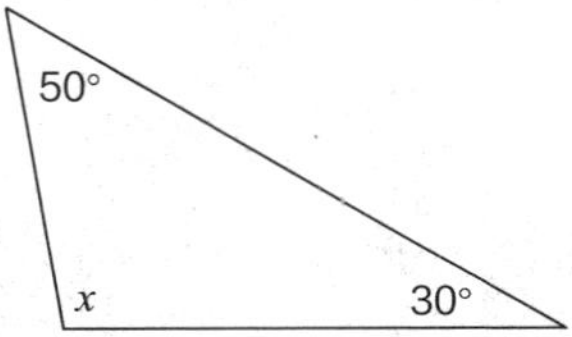

哈里的解：

30°+50°=80°

180°–80°=100°

x 是 100°

自我解释提示：

为什么哈里在第二行中要从 180° 中减去 80°？

自我解释框架：

哈里知道从 180° 中减去 80°，是因为____的内角____总是等于____°。

（学生应该用：三角形、和、180° 来填空）

研究发现，与单独的、没有框架的提示相比，有填空框架的自我解释提示会使初学者的学习效果更好。（Berthold et al., 2009；Berthold, Renkl, 2009）

在要求更高的情况下，可能会有一系列的原理、规则或定律，学生经常会混淆。因此，他们面临的第一个挑战是寻找适合于某个特定问题的规则。在这种情况下，自我解释提示有助于这一最初的抉择。下面是我用来帮助一个高年级数学班确定何时使用链式、乘法或除法法则求微分的一连串问题的一部分。

你应该使用哪个规则?

求$\frac{d}{dx}\sqrt{2x+3}$

（你只需要在这三个规则中选择一个来回答这个问题）

◇形似$\frac{d}{dx}u(v(x))$，所以我应该用：链式法则。

◇形似$\frac{d}{dx}u(x)v(x)$，所以我应该用：乘法法则。

◇形似$\frac{d}{dx}\frac{u(x)}{v(x)}$，所以我应该用：除法法则。

例题 1

你应该使用哪个规则?

求$\frac{d}{dx}\frac{3x^2}{\sin(x)}$

（你只需要在这三个规则中选择一个来回答这个问题）

◇形似$\frac{d}{dx}u(v(x))$，所以我应该用：链式法则。

◇形似$\frac{d}{dx}u(x)v(x)$，所以我应该用：乘法法则。

◇形似$\frac{d}{dx}\frac{u(x)}{v(x)}$，所以我应该用：除法法则。

例题 2

你应该使用哪个规则?

求$\frac{d}{dx}3(4x)^2$

（你只需要在这三个规则中选择一个来回答这个问题）

◇形似$\frac{d}{dx}u(v(x))$，所以我应该用：链式法则。

◇形似$\frac{d}{dx}u(x)v(x)$，所以我应该用：乘法法则。

◇形似$\frac{d}{dx}\frac{u(x)}{v(x)}$，所以我应该用：除法法则。

例题 3

你应该使用哪个规则?

求$\frac{d}{dx}ln(4x)\times 5x^2$

（你只需要在这三个规则中选择一个来回答这个问题）

◇形似$\frac{d}{dx}u(v(x))$，所以我应该用：链式法则。

◇形似$\frac{d}{dx}u(x)v(x)$，所以我应该用：乘法法则。

◇形似$\frac{d}{dx}\frac{u(x)}{v(x)}$，所以我应该用：除法法则。

例题 4

你应该使用哪个规则?

求$\frac{d}{dx}e^x\sin(x)$

（你只需要在这三个规则中选择一个来回答这个问题）

◇形似$\frac{d}{dx}u(v(x))$，所以我应该用：链式法则。

◇形似$\frac{d}{dx}u(x)v(x)$，所以我应该用：乘法法则。

◇形似$\frac{d}{dx}\frac{u(x)}{v(x)}$，所以我应该用：除法法则。

例题 5

你应该使用哪个规则?

求$\frac{d}{dx}\frac{45x^2}{\ln(x+2)}$

（你只需要在这三个规则中选择一个来回答这个问题）

◇形似$\frac{d}{dx}u(v(x))$，所以我应该用：链式法则。

◇形似$\frac{d}{dx}u(x)v(x)$，所以我应该用：乘法法则。

◇形似$\frac{d}{dx}\frac{u(x)}{v(x)}$，所以我应该用：除法法则。

例题 6

下面是另一个多项选择式的自我解释提示的例子，这次是来自一项关于在计算机辅助环境下教授概率的有效自我解释提示的研究（如图 3.26 所示）。（Atkinson et al., 2003）

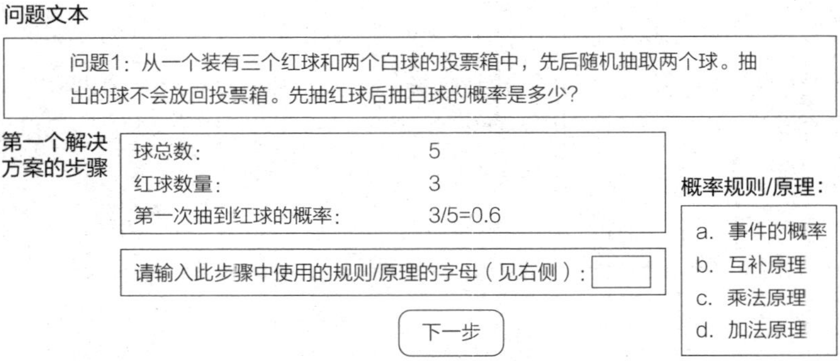

图 3.26　计算机辅助环境下概率教学中的自我解释提示样例

化学中针对样例的自我解释提示

除了这些高度框架化的方法外，有时有一个不那么框架化的简单提示也比没有好。克里彭（Crippen）和厄尔（Earl）提供了一个应用于化学的例子。（Crippen et al., 2007）[815] 他们向学生提供了如图 3.27 所示的样例。

然后，有些学生得到了以下提示，有些学生则没有：

一个建议：在学习了这个样例后，向自己解释如何使用氧化剂、还原剂、被氧化和被还原这些术语，既要考虑它们作为词和

在下面的反应样例中，铁被氧化，镍被还原

已平衡的化学物质	$Fe_{(s)}$	$Ni(NO_3)_{2(aq)}$	$Fe(NO_3)_{2(aq)}$	$Ni_{(s)}$
氧化态	(0)	(+2)[(+5)(−2)3]2	(+2)[(+5)(−2)3]2	(0)
反应	被氧化	被还原		
角色	还原剂	氧化剂		

图 3.27　化学教学中的样例演示

短语之间的关系，也要考虑它们与平衡化学方程式中的化合物的关系。（Crippen et al., 2007）[815]

那些得到这种鼓励审视自己对例子中关键术语理解的自我解释提示的人，其学习表现明显好于没有得到提示的人。

外语学习中针对样例的自我解释提示

如果学习德语，学生可能会遇到如下问题：

样例	自我解释提示
法伊扎正在练习德语中的 habe、hast、hat、haben 和 habt 的用法。她回答了如下问题。 请将句子补充完整： 句子 1：Was *hast* du gesagt? 句子 2：Ich *habe* dich nicht verstanden.	问题：法伊扎是如何知道在第一句中使用“hast”的？ 问题：法伊扎是如何知道在第二句中使用“habe”的？

如果只是要求学生回答一组如上所示的语法问题，那么他们可以不用花时间考虑为什么要在不同情况下给出不同的答案。插入这种自我解释提示，可以鼓励他们将答案与教师试图强化的德语语法原则联系起来。要求学生解释答案也能让老师更清楚地了解他们对这些关键德语语法原则的理解程度，而不是仅仅从答案中推断他们的语法理解程度。

错误答案的自我解释

另一种自我解释的方法是让学生自我解释错误的答案。如果你真的这么做了，请记住以下几点很重要。首先，学生必须意识到他们正在解释一个错误的例子。学生自我解释错误的例子时，如果误以为它们似乎是正确的，那他们可能会将错误的内容编码到记忆中。（Berthold, Renkl, 2009）[70] 当鼓励学生解释自己的想法时，这一点尤其重要。里特尔・约翰逊（Rittle-Johnson）等人写道："鼓励孩子解释自己的预测（而这些预测往往是不正确的），相比于不进行解释的情况，这降低了他们随后做出基于证据的主张的成功率。"（Rittle-Johnson, Loehr, 2017）

鼓励学生比较正确和不正确的样例也很有效。（Rittle-Johnson et al., 2017）如果采用这种方法，必须要考虑：（1）这种方法引入了更多的交互性元素，可能更适合"专家"学生采用。（Große et al., 2007）（2）如果要求学生解释正确和错误的例子，那么并

排展示这两个例子是有帮助的，这样可以增加他们注意到差异的机会。（Renkl et al., 2019）

以下是一个在教师教育培训中使用“比较”方法的样例（如图 3.28 所示）。（Hilbert et al., 2008）

积木原理二

铺设16平方米的浴室需要720块瓷砖。如果想在2.4平方米厨房铺设相同的瓷砖，需要用多少块瓷砖？

16 = 720

2.4 = x

$$x = \frac{2.4 \times 720}{16}$$

x = 108

答：该厨房需要铺设108块瓷砖。

16 = 720（÷16）

1 = 45（×2.4）

2.4 = 108

答：该厨房需要铺设108块瓷砖。

哪种解法示例可以让学生更容易理解比例法则？为什么？

图 3.28 “比较”方法的样例

本节中的样例说明了两个主要观点：首先，特定样例的自我解释提示可以成为教师有针对性地引导学生关注他们正在学习的问题解决过程的基本原理的一种重要方式，可以督促学生把握解题过程；其次，支持学生解释的方式有很多种，按程度由高到低排列依次有：多项选择式提示、填空式提示、自由回答式提示。

这种方法的局限性，就像所有具体的和特定的教学方法一样，就是其效果不太可能迁移到新的情境中。如果我们问学生："为什么哈里在他解题过程的第二行中用 180° 减去 80°？"他们可能会更好地理解三角形的内角之和，但不太可能改变他们在许多其他情况下的自我解释行为。此外，创建特定样例的自我解释提示可能需要教师花费大量时间。正是由于这些原因，我们现在把注意力转向一般性自我解释提示。

• 一般性自我解释提示

训练学生在各种新情境下自发地进行自我解释并非易事，但对自我解释训练的研究暗示了这方面的可能性。（Renkl et al., 2013）我说"暗示"的原因是，虽然一般性自我解释训练在中短期内显示了对学习的增益效果，但从长期来看对自我解释训练能否将不太成功的学习者变成较成功的学习者仍有待进一步的研究。

从关于自我解释教学成功的一般方法的研究来看，该方法遵循一个熟悉的模式：首先告诉学生自我解释的重要性，为他们提供一些高质量的自我解释的范例，然后让他们练习自我解释。（Renkl et al., 2019）

在阅读一般性自我解释的相关研究报告时，我发现了四种最有可能有效的自我解释提示方式。那些报告了一般性提示方法产生了积极结果的研究似乎都与过程、关联、预期或原理相联系。一些例子详见下文。

过程提示

以过程为导向的自我解释提示帮助学生审视自己对过程或程序的理解程度。这些提示通常在学生学习一个样例时使用，但也可用于其他过程，如阅读。

一个包含三个有用的过程提示的例子可以用“注意、理由、监控”的步骤来记忆，如下所示：

◇ 注意：本页的哪些部分对我来说是新的？

◇ 理由：这些新信息对我有什么帮助？

◇ 监控：我还有什么不明白的地方？

在自我解释训练中利用这三个提示的研究人员指出：“这项研究的结果强化了这样的观点：自我解释过程可以被看作在学习过程中获得知识的一种简单但有强大潜力的技术。”（Wong et al., 2002）[253]

艾伦·舍恩费尔德（Alan Schoenfeld）提出的一组类似的提示，在问题解决的过程中可能更有用（Schoenfeld, 1985）：

◇ 你到底在做什么？你能准确地描述它吗？

◇ 你为什么要这样做？它是如何融入解决方案的？

◇ 它是如何帮助你的？当你得到了结果时，你将如何处理？

关联提示

学习新事物需要获取新的信息并将其以某种有意义的方式与已经储存在长时记忆中的概念关联起来。有些学生可以比其他人更自然地做到这一点，因此，花一些时间帮助学生内化能够促进这种关联的提示是有益的。为了让学生将新信息与旧信息关联起来，他们需要学会问自己这样的问题：

◇ ……和……有什么相似之处？

◇ ……和……之间有什么区别？

◇ ……与我们以前学过的……有什么联系？（King, 1994）[345]

预期提示

预期提示促使学生通过考虑在不久之后乃至长远的未来会发生的事情来为迁移做好准备。在伦克尔 1997 年的研究中，他发现只有三分之一的参与者是有效的自我解释者，这些有效的自我解释者中有很大一部分是以“预期”的方式进行的。（Renkl, 1997）

可以用两个非常简单的提示来鼓励预测性推理：

◇ 接下来会发生什么？（Renkl et al., 2013）

◇ 如果……会发生什么？（King, 1994）[345]

前一个问题是适用于任何阅读任务中乃至教师的讲解过程中的样例。正如玛西娅·海曼（Marcia Heiman）所说的，成功的学习者不断地对接下来会发生什么形成假设，无论是在演讲、对话还是阅读时；然后他们继续听或读，以检验自己的假设是否正确。（Heiman, 1987）[70]

我在大学期间经常和朋友使用第二个问题“如果……会发生什么?”。我们会进行比赛，猜测老师可能会以何种方式修改作业题，以便编写的题目能够纳入考试。通过问“如果……会发生什么?”，我们最终会探索各种不同的场景和问题，我们认为这些问题可以根据已经得到的问题和其所体现的原理被合理地提出。我现在试着教自己的学生运用这样的问题，请他们猜猜即将到来的考试可能让课堂和家庭作业题发生哪些变化。

原理提示

也许最简单的一般性提示类型是原理提示，可以简单地鼓励学生自己去思考：

◇ 这里使用的是什么原理?

对于上面介绍的所有一般性自我解释提示，其目的都是让这些提示问题成为学生自发的内心对话的一部分。首先，教师明确地介绍这些提示，解释每个提示在哪些情况下是有用的，然后随着时间的推移继续强化这些提示。在几周或几个月的时间里，教师在班级里继续问同样的提示问题。学生会知道，当老师过来时，他们可能会被问到这些问题，所以自然而然地开始准备答案。最终，自我解释的过程成为学生内心对话的一部分，教师不需要在场，学生就能在适当的情况下引发有效的自我提问和自我解释。这个过程也可以通过有效地使用同伴提问，以及更普遍的“苏格拉底教学法”来予以支持。

教师阅读教育研究时的自我解释提示

自我解释对教师也有帮助。为了获得对教育原理和研究的扎实而灵活的理解，教师可以定期问自己几个问题。这些问题包括：

◇ 这种教学方法背后的机制是什么？

◇ 这种教学方法的功能是什么？

◇ 这种教学方法的边界条件是什么？

考虑一种教学方法背后的机制有助于我们理解它为什么有效，以及其“有效成分”是什么。如果不了解机制是什么，我们就有可能在调整教学方法时忽略其“有效成分”，导致“致命的突变”。（Brown et al., 1996）了解教学方法的功能是有必要的，因为要回答“什么最有效”这个问题，我们必须能够先回答“为了什么目的”这个问题。功能告诉我们一个教学方法可以和不可以做什么。此外，边界条件是防止教学方法被错误应用的额外保险。机制帮助我们了解一个方法为什么有效，而边界条件则帮助我们了解它为什么无效。通常情况下，如果你已经对机制有了深刻的理解，那么边界条件是可以预期的，但对其进行深入思考仍是很有价值的，这就是我们接下来要做的讨论。

- **自我解释的局限性**

虽然自我解释最好放在学习的早期阶段，但自我解释的行为本身会使工作记忆超载。这意味着，“自我解释只有在达到足够的专业知识水平后才可能有效”（Sweller et al., 2011）[189]。这也是一些自我解释研究报告了无效结果的原因之一。（Mwangi et al., 1998）

也许与教师试图使用自我解释提示相关的**最隐蔽的陷阱是，想让学生自学他们不知道的东西的风险**。如果认为学生的“自我解释”是一种有用的教学策略，那么教师可能会在学生被告知基本原理之前要求他们进行自我解释。自我解释提示是一种可以鼓励学生把以前学过的理论与一组新的例子联系起来的方法。这种方法并不是为了让学生先自学理论或原理而设计的（尽管在科学课上，在被明确教授原理之前，自我解释可以用来促使学生思考他们观察到的现象）。

同样重要的是教师要问自己：自我解释提示是否是实现其目标的最佳方式？基于原理的自我解释提示只是支持学生将具体的例子和其背后的原理联系起来的一种方式（Rittle-Johnson, Loehr, 2017），而且它们往往比简单地告诉学生你想强调的联系要花费更多的时间。（Bisra et al., 2018）如麦克尔登（McEldoon）及其同事所说："需要注意的是，与使用其他的方式相比，自我解释有多少优势。"（McEldoon et al., 2013）[1]

但事情并不仅仅是"自我解释"和"直接教学"非此即彼这么简单。事实上，特别有前景的发现来自将两者结合使用的研究。例如，一项研究得出结论：自我解释与教师解释一样有效，但当先要求学生自我解释，然后提示他们将自我解释与教师解释进行比较时，会获得更大的收益；就像观察一些现象，先假设一种解释，然后再讲解原理一样。（Cho et al., 2012）如果采取这种方法，就要确保学生不认识这种"套路"，否则他们在被要求自我解释时可能会"退缩"，因为他们已经知道无论他们是否参与自我解释，之后都会由教师做出解释。

即使有这些注意事项，仍然可以看出，要想从样例中学习，学生就必须对自己的理解进行询问和自我解释。因此，自我解释提示依然是提高学生学习的有力工具。

自由目标效应

当我们提出一个要解决的问题时，我们希望学生能实现两个主要目标，其中相对明显的，也通常是学生更清楚的目标，就是获得正确答案。而另一个对学生来说不太明显，但更重要的目标是学会如何在将来更好地解决其他问题。自由目标效应强调了这样一个有违直觉的事实，即这两个目标经常处于互相拮抗的状态。

自由目标效应是第一个被研究的认知负荷效应。（Sweller et al., 1982）这些早期研究揭示了两个令人惊讶的结果。第一，专注于最明显的目标（找到正确答案），往往会减少学生从问题中的收获。第二，更令人惊讶的是，专注于获得正确答案也会使学生更不容易获得正确答案！

但这怎么可能呢？

简单地说，当学生专注于实现一个固定的目标时，他们的注意力就会集中在频繁地检查自己所处的位置上，看自己离目标有多远，以及下一步采取什么行动最有可能接近所期望的终点。这被称为手段－目的分析（means-ends analysis）。（Simon et al., 1978）在下一步有多个可能的情况下——例如选项 a、b 或 c——这种手段－目的分析是一项元素交互性非常高的任务。去除目标后，与手段－目的分析相关的大量交互元素就会被移除，从而释放出工作记忆资源来专注于学习。这就是自由目标效应。

自由目标效应：去除目标后，与手段－目的分析相关的大量交互元素就会被移除，从而释放出工作记忆资源来专注于学习。

去除目标还可以让学生把注意力从不断衡量自己的进步转移到更多的实验性思维上，据此，他们可以采取 a、b、c 三种行动，并密切关注这些行动的结果。从他们的密切观察中，他们会发现这三种行动各自产生的结果。（Trumpower et al., 2004）这种对原因和后果、行动和结果的深入理解，使学生在理解当前问题和解决未来的新问题方面都处于更有利的地位。

这两种机制，即减少元素交互性，以及将注意力从获得答案转移到因果关系上，都是自由目标效应背后的机制。

> 这两种机制，即减少元素交互性，以及将注意力从“获得答案”转移到因果关系上，都是自由目标效应背后的机制。

但是，我们不能只是把目标从任务中移除，然后就期望自由目标效应好处的出现。从大量关于自由目标效应的文献中，我发现并命名了三个关键的前提条件，它们是这个领域绝大多数研究成功的基础。我把这三个前提条件称为：**限制行动**（restricted actions）、**快速反馈**（rapid feedback）**和可靠结果**（reliable results）。

限制行动在自由目标效应中很重要，因为如果在自由目标的问题解决环境中学生可以做的事情太多，就会产生过多需要他们跟踪的“行动→结果”配对，学生的工作记忆很可能会超负荷。

快速反馈意味着学生可以非常迅速地看到自己行动的结果。如果学生在采取行动和观察结果之间有延迟，这期间的注意力分散将使他们更难认识到行动和结果之间的联系。

最后，**可靠结果**意味着，如果一个学生采取了“行动 a”，他们能够有信心自己会得到“结果 a”。如果一个学生试图使用一个公式，但使用过程中犯了一个错误，反而产生了“结果 *”（一个不可靠的结果），那么他们几乎没有机会学习“行动 a”和其结果之间的真正联系。

> 一个成功的自由目标方法，它必须包括：限制行动、快速反馈和可靠结果。

这三个前提条件解释了数字化学习环境在自由目标效应研究中频繁使用的原因。数字化学习环境使教师能够限制可能的行动数量，迅速向学生展示结果，并通过计算（和其他幕后工作）来确保向学生展示的他们每次行动结果的可靠性。

我们现在来探讨自由目标效应在不同学科中已经出现的情况，以及可能出现的情况。

物理中的自由目标效应

有许多模拟程序可以让上物理课的学生看到物理现象的清晰表现。① 过去，我的一般做法是用模拟程序来辅助演示样例。也就是说，我会用模拟程序中的物理量来设置一个问题，让学生通过计算来预测结果，然后运行模拟程序来演示它。

然而，米勒（Miller）及其同事的一项自由目标效应研究让我怀疑我现有的方法是否是最有效的方法。（Miller et al., 1999）在他们的研究中，学生有机会参与一个涉及固定和移动带电粒子的“微世界”模拟游戏。他们的任务是沿着一条路线固定一组带电粒子，使它们能够吸引或排斥一个自由移动的粒子，并成功地引导它走向一个“网”（如图 3.29 所示，这个目标“网”在图中最右边，像一个反向的“C”形）。（Miller et al., 1999）[308]

在向两组玩家都介绍了这个游戏后，特定目标组有 30 分钟的时间来完成游戏的各个关卡，如图 3.29 所示。自由目标组得到一个空白的屏幕，上面有一组固定的和一组可移动的带电粒子，他们可以自行拖到屏幕上，同时还有以下指示：

稍后，你会遇到障碍物和“网”。

然而，在接下来的 30 分钟里，你需要在没有任何障碍物或

① 一些特别有效的案例详见：https://phet.colorado.edu/, https://www.walter-fendt.de/html5/phen/, https://www.tinkercad.com/learn/circuits。

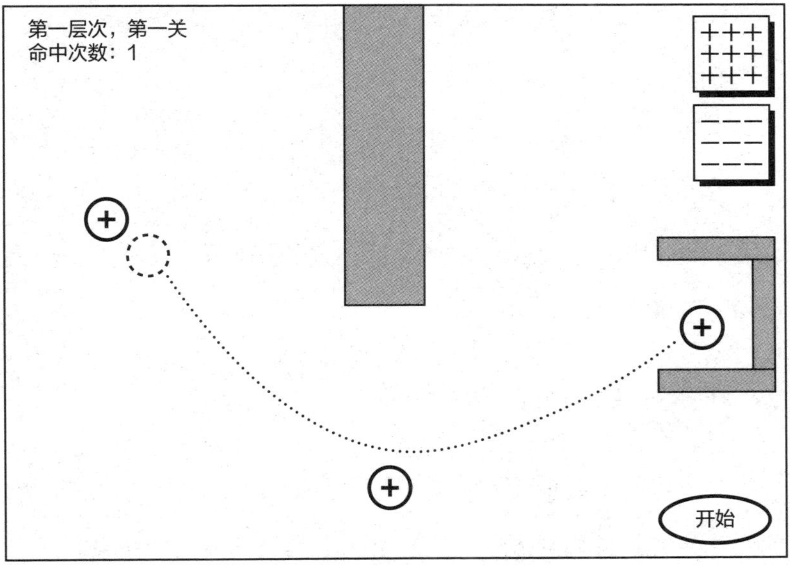

图 3.29　物理中的自由目标效应样例

“网”的情况下进行“实验”。你的目标是以任何自己认为合适的方式学习理解游戏的属性。

30 分钟时间可能很长，但你应该在这段时间内尽可能多地进行“实验”。

简而言之，特定目标组被告知要通过一系列关卡，自由目标组被告知要进行实验并理解实验。

实验结束后，结果表明，鼓励学生用模拟程序进行“实验”让自由目标组更好地理解了粒子之间的相互作用，并在最后的测试中比特定目标组做得更好。这一结果对于成绩较差的学生来说尤其明显，尽管特定目标组用了 30 分钟来完成与最终评估测试非常相似的游戏。

这个实验使我重新思考如何使用在线物理模拟程序来教授物理。在讨论了基本的物理学原理之后，我现在会为学生提供一段时间让他们用模拟器来"实验"和"尝试理解"，然后再进行具体目标任务。

经济学中的自由目标效应

经济学的重要技能之一是理解产品或服务的总需求和总供给的变化是如何影响价格和数量的。改变供给和需求曲线来表示这种关系是许多学生难以完成的任务。

教师通常的教学方式是，让学生用笔和纸来变换不同的函数，并要求他们描述结果，这是一种有特定目标的方法。如果教师想尝试一种自由目标的做法，他们可以改为站在黑板前，按照学生认为合适的方式移动供求曲线，要求学生进行多次"实验"并讨论和记录看到的结果（教师在这里提供快速反馈和可靠结果）。另外，教师可以鼓励学生使用在线互动图表[①]，并在学生接受直接教学之前给学生时间先探索因果关系。教师也可以通过互动设计程序自己设计这种活动[②]。

① 更多案例详见：https://www.econgraphs.org/。

② 更多优秀案例详见：https://www.desmos.com。

这种方法应该在学生已经接受了供给和需求函数的作用、目的和相互作用的教学之后使用，并作为学生自己尝试有特定目标的供给和需求问题的前置活动。

艺术中的自由目标效应

优质的艺术作品是在概念和专业技能的相互作用下产生的。自由目标效应可以用来创造一个安全的环境以发展学生专业技能方面的本领。在绘画方面，教师与其先教学生笔触技巧，然后马上让他们运用这些技巧来绘制预定的画面（一种有特定目标的方法），不如让学生自由运用这些技巧，并让他们密切关注每一笔的微小变化所带来的影响。起笔、收笔、下笔力量大小或其他学生能想到的笔触变化都可能产生不同的效果，这些很容易被观察到。通过这种方式对材料和技巧进行试验——许多艺术教师已经使用过这种方法——学生可以更好地理解自己所采取的行动的微小变化与这些行动结果之间的联系，从而为他们在创作一个完整的作品时更灵活地应用这些技巧做好准备。

音乐中的自由目标效应

与其一开始就明确地教授音程，如大调、小调或减调，不如让学生演奏各种双音符的组合，并感受每一种组合所唤起的情感。这可以为学生以后正式学会这些音程打下坚实的直觉基础。

历史中的自由目标效应

在自由目标效应研究的第一次热潮即将结束时，沃尔迈耶（Vollmeyer）和伯恩斯（Burns）决定将对该效应的探索扩展到物理和数学的算法领域之外。他们选择给学生布置一些常见类型的在线研究任务，例如“研究黑死病在整个欧洲的传播和影响”或“研究第一次世界大战的起因”。（Vollmeyer et al., 2002）

像这样的研究任务通常会为学生提供一组填空题，让他们在研究关键历史人物、重要战役或重要日期时填写。但这些具体的目标是否会妨碍学习？

研究人员建立了一个简单的类似于维基百科的网站，由 51 个页面组成，描述了参与第一次世界大战的国家、联盟、民族主义、帝国主义以及其他事件和参与其中的个人。研究人员给了特定目标组一份包含 20 个事件的清单，要求他们找出每个事件的日期。自由目标组则只被简单告知要完成一项任务，即“向其他人解释第一次世界大战爆发的原因”。（Vollmeyer et al., 2002）[101]

每组有 25 分钟的时间来开展探究，在结束时，他们会收到一组测试题。测试题包括 34 个事实性问题，一个关于五个国家在一周内相互宣战的主要原因的问题，以及一个与形成联盟有关的迁移问题。当学生接受测试时，自由目标组在所有类型的问题上都明显比特定目标组做得更好。探究期间他们在每一个页面上花费的时间也比特定目标组多，这表明他们对其中的信息有更深入的思考和处理。

在这种情况下，让学生探究战争导火索背后的机制，而不是让他们把精力集中在找出具体事实和数字上，有助于学生产生更广泛和更深入的理解。虽然这个实验表明，在某些情况下，遵循更一般的“理解”和“向他人解释”的指令比遵循特定的指令更能让人学到东西，但同样重要的是，要注意能力和动机对这种方法有效性的可能影响。这个实验的被试是大学生，他们可能被最后需要公开分享自己的学习成果所激励。在另一个环境中，要取得类似的成功结果，可能需要有类似的研究能力、背景知识和动机。

生物学中的自由目标效应

生物学家经常研究环境因素如何影响环境中各物种的种群数量。一项自由目标效应研究针对的是这样一组关系，即在计算机模拟的情况下，四个环境因素（温度、盐度、含氧量和水流）对四个海洋物种（对虾、海鲈、龙虾和螃蟹）种群数量的影响。

特定目标组被告知，他们的最终目标是操纵四个环境因素，以实现最终种群数量为 400 只对虾、700 条海鲈、900 只龙虾和 50 只螃蟹的目标。他们可以进行三轮练习，每一轮包括连续六次改变四个环境因素的机会。而自由目标组被告知只需“设

定输入并观察输出，以弄清系统如何运作”。（Vollmeyer et al., 1996）[89]

特定目标组和自由目标组都先进行了三轮测试。随后在第四轮测试时，所有学生都被要求操纵环境因素，以达到 400 只对虾、700 条海鲈、900 只龙虾和 50 只螃蟹的目标；这也是特定目标组在练习中的目标结果。

令人惊讶的是，自由目标组在这个测试问题上的表现和特定目标组一样好，尽管特定目标组在之前的三轮练习中一直在处理完全相同的问题。

第五轮是迁移测试，要求学生让系统达到 200 只对虾、350 条海鲈、1000 只龙虾和 250 只螃蟹，这是两组学生的新目标。在这个迁移问题上，自由目标组的表现明显好于特定目标组。自由目标组已经发现了四个环境因素与海洋动物数量增减之间的关系。这样一来，自由目标组的方法就达到了两个学习目标：他们既能够成功地解决当下的问题，也学会了如何在未来解决类似的问题。

数学中的自由目标效应

学生经常把三角函数 sin（正弦）、cos（余弦）和 tan（正切）的比值算法混为一谈，以试错（trial-and-error-like）的方式加以应用，却没有真正理解其正确用法。在迄今为止最令人印象深刻的自由目标效应研究中，欧文和斯维勒以这三个比值函数为学习目标，观察自由目标的方法是否既能帮助学生理解其基本用途，又能发展出深刻的概念性理解，并能将其迁移到一个陌生的问题上。（Owen et al., 1985）

他们首先向参与者（一群九年级的学生）提供了六个例子，每个例子都分别演示了在 sin、cos 或 tan 函数中分子和分母的计算方法。在整个练习过程中，要求学生进行相关计算，一旦能得出可靠的结果，研究人员就开始引入自由目标和有特定目标的条件。

学生有 30 分钟的时间来练习各种三角形的组合，其中两个例子如图 3.30 所示：（Owen et al., 1985）[275，279]

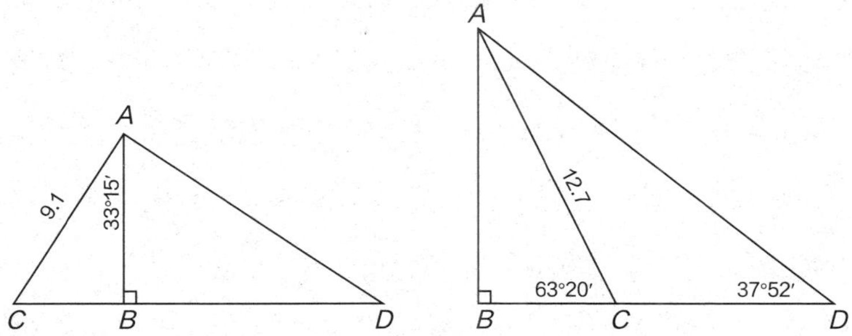

图 3.30　数学中的自由目标效应样例

有特定目标的参与者被告知要求出一条特定边的长度，例如“在图 3.30 左边的三角形中求出边 *AD* 的长度”，而自由目标组只是被要求“自由探索边与角的关系”。在这个阶段，学生旁边有一个研究人员，每当学生犯了错误，研究人员就会指出他们在应用公式时出了错，但不会告诉他们这个错误是什么（记住可靠结果的重要性）。

在这个30分钟的练习阶段结束时，学生需要回答以下迁移问题：

在某个三角形中，sin（θ）=4/5，cos（θ）=3/5。画一个图加以表示，并由此求出 tan（θ）的值。

正如数学老师们所知，这对九年级的学生来说是一个非常棘手的问题，因为他们只练习了30分钟的sin、cos和tan函数。

令人难以置信的是，自由目标组有80%的人能够解决这个问题，而特定目标组只有30%的人能解决。此外，特定目标组在试图解决这个问题时犯的错误数量是自由目标组的两倍以上。特定目标组的大量错误表明，他们“无法以有意义的方式解读问题中给出的信息”（Owen et al., 1985）[282]；也就是说，尽管他们中有30%的人确实得到了这个迁移问题的答案，但猜测在这些人的成功中起了重要作用（学生被允许多次尝试）。

对我来说，这些实验结果确实很了不起。在短短30分钟的练习时间内，让80%的学生从对三角函数知之甚少到解决这样一个迁移问题，是非常令人印象深刻的。但我们必须牢记自由目标效应的前提条件。如果课堂条件不允许教师在学生应用三角函数比值时给出快速反馈（就像本研究中提供的反馈那样），那么这种方法就不可能那么成功。这就是为什么适当的技术是一种可以提供快速反馈和可靠结果，以促进自由目标效应的有效使用的强大工具。

对于那些想深入了解在这种情况下特定目标方法所带来的巨大认知负荷的人来说，图 3.31 和图 3.32 显示了解决三角函数问题的自由目标与特定目标方法在一个特定时间点上的交互元素数量。

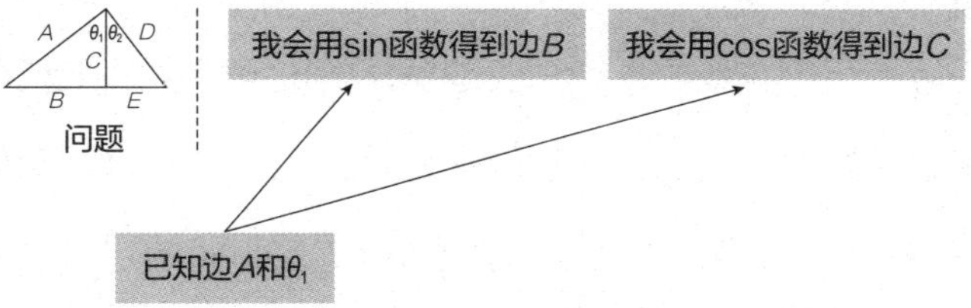

图 3.31　在用自由目标方法思考前两个可能步骤时的交互元素

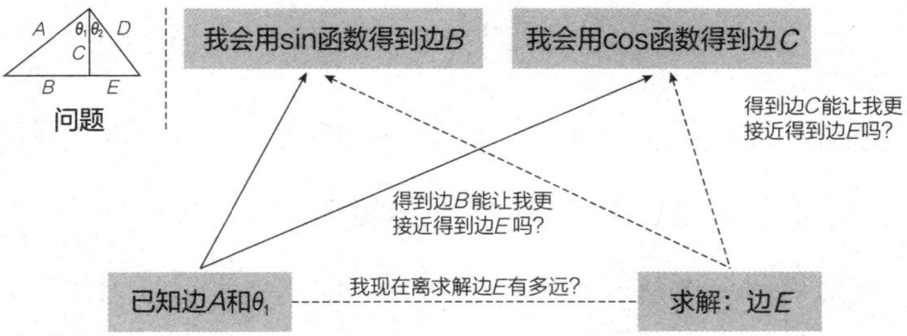

图 3.32　在用特定目标方法思考前两个可能步骤时的交互元素

教师阅读教育研究时的自由目标效应

现在让我们来探讨，将教育研究中发现的这一自由目标效应应用到阅读教育研究的实践中会是什么样子的呢？

有特定目标的方法：读者专门寻找为某一论点提供证据的事实、数据、引文或图表。

自由目标的方法：读者在阅读文献时，除了充分了解实验者采取的行动和这些行动产生的结果，没有任何具体的目标。

只有采取第二种方法，以探究的心态来阅读，寻找原因和后果、行动和结果，我们才能真正理解所读的研究背后的机制，这是理解学习如何发生的唯一途径。此外，只有了解学习背后的机制，我们才能灵活地提出新的教学方法，使我们的学生从中受益。我强烈建议诸位读者在可能的情况下采取自由目标的方法阅读教育研究内容。

自由目标效应的大概念是什么？

过分关注目标可以让学生成功完成任务，但从中真正学到的东西很少。这就是自由目标效应的大概念。

它适用于试图从问题解决中学习，但也适用于学习和生活的许多其他方面。我们现在已经看到了这种情况是如何在各种情境下发生的。在每一种情境下，对获得正确答案的关注都会使注意力和认知资源偏离实际的学习过程。

自由目标效应的大概念：过分关注目标可以让学生成功完成任务，但从中真正学到的东西很少。

对威廉来说，这是认知负荷理论的大概念，也是他提出“认知负荷理论是教师需要了解的最重要的一件事”的原因。在我和他的讨论中，他是这样说的：

在我看来，认知负荷理论对教师来说很重要，因为大多数教师认为，如果学生圆满地完成了一项教学活动，他们就学到了这项任务所要教授的知识。但认知负荷理论表明这是不正确的。（Wiliam, 2020）

这是教师需要注意的一个极其重要的结论。值得庆幸的是，自由目标效应的建议并不止于此。它还告诉我们，去除目标——而且是在限制行动、快速反馈、可靠结果的条件下这样做——可以帮助学生将注意力从“获得正确答案”转移到“学习”上。

我们可能很容易认为，只要知道特定目标对学习的负面影响，就足以避免这种负面影响。但事实并非如此，这也许是我在探究自由目标效应时最震惊的地方。也就是说，即使人们知道自己应该专注于学习，但目标还是会驱使他们远离学习的重点。

即使人们知道自己应该专注于学习，但目标还是会驱使他们远离学习的重点。

这在沃尔迈耶及其同事的生物学研究中得到了清楚的说明（上文提到的关于螃蟹、龙虾、海鲈和对虾的研究）。（Vollmeyer et al., 1996）[89] 在这项研究中，研究动物种群如何受四个环境因素（温度、盐度、含氧量和水流）影响的最佳方法是采取真正的科学方法，一次改变一个因素，观察其对系统的影响，直到可以单独了解每个因素对系统的影响。

我在对这个生物学实验的最初描述中没有提到的是，每组中的一半人（自由目标组和特定目标组）都被明确告知“一次改变一个因素”是最佳的学习策略，也是解决问题（达到每个物种的目标数量）和让学习系统真正运作的最好方法。自由目标组被告知此策略的学生基本上都采取了这种方法，并在三轮学习中始终“一次改变一个因素”。他们可以自由地这样做，因为他们不会感受到特定目标所带来的压力。

但是，对于被告知“一次改变一个因素”是最佳学习策略的特定目标组的学生来说，大多数人只在第一轮尝试了这一策略，然后很快就放弃了，转而采用“一次改变多个因素”的策略。这种“改变多个因素”的策略帮助他们很快达到了预设的目标，但正如我们所看到的，这意味着他们学到的东西很少，而且没有准备好在未来面对一个完全相同的环境中的略做修改的问题。尽管他们被明确告知如何最好地实现两个重要的目标——获得正确的答案和真正从问题中学习——但仅仅是目标的存在就促使他们采取不求甚解的、以目标为中心的策略，进而影响了他们的学习。

在课堂上，以及更广泛的教育中，我们必须小心目标对学生完成学习任务有影响的教学方法。简单地评判家庭作业是否“完成”是否在促使学生采取无益的策略，如从朋友那里抄袭？我们是否在不知不觉中强调学生获得正确答案的重要性，而不是反思和从获得答案的思维过程中学习的重要性？注重评分标准的做法是否在限制我们学生写作的创造性？这就是自由目标效应的大概念：**过分关注目标可以让学生成功完成任务，但从中真正学到的东西很少。**

结 语

认知负荷理论，何去何从？

本书旨在以一种清晰和可操作的方式总结认知负荷理论。我试图提供应用认知负荷理论的实际例子，以及认知负荷效应为何起作用的指导。这种实践指导和对机制解释的结合，希望能帮助各位读者使用所介绍的策略，了解其局限性，并清楚地知道如何有效地将其运用于个性化的情境。

前面集中讨论了文献中已经证实的、有实验支持的认知负荷效应。在本书结语部分，我想把目光转向未来，描绘出我所认为的一些具有前途的研究路径。

在本书的开头，我讲述了迪伦·威廉是如何将我带入认知负荷理论的探索中的。我描述了认知负荷理论是如何让我对学生的学习有了更深入的了解，并揭示了学生思维的内部运作过程，帮助我更好地理解在某些课堂上是什么影响了学生的学习效果，以及在其他课堂上是什么让学习取得了成效的。

但是，这种对认知负荷理论的兴趣并非始于我试图改进自己的教学方法之时，而是在更早之前，在我全心全意地致力于成为一个更好的学习者之时就已经产生了。

我在本科最后一年读了丹尼尔·威林厄姆(Daniel Willingham)的《学生为什么不喜欢学校》(*Why Don't Students Like School*),这本书对我的生活产生了巨大的影响。威林厄姆的书改变了我的生活，因为它让我了解了自己学习过程中的认知架构，也就是认知负荷理论所依据的认知架构。

在此之前，我一直专注于在外部世界组织我的学习，如做好笔记，做好总结，找出最好的技巧来归纳和整理我的学习资源，等等。当我了解到长时记忆中的深层知识是通往高阶思维的真正途径后，我立即改变了策略。我开始探索如何增加我的内部知识储备，使用学习软件来建立和保持长时记忆。这代表着我学习重心的彻底转变：从笔记和电脑上的信息管理，到我自己长时记忆中的知识管理。

作为一个学习者，我立即并永远地改变了自己，正是我对自己的大脑如何工作的理解令我产生了这种巨大的转变。认知负荷理论具有巨大的力量，可以帮助教师更好地支持学生学习。这是本书的重点。展望未来，我相信该理论的下一个大方向是帮助学生利用认知负荷理论成为更加成功和独立的学习者。

使用认知负荷理论来增强学习者的能力是很重要的。第一，它在帮助培养更加独立的学习者方面有很大的潜力。第二，在我们所教的任何一群学生中，我们将不可避免地面对学生的能力差异问题。这意味着，对一个学生的“优化”教学可能很难对另一个学生起作用。第三，人们越来越清楚地认识到，认知负荷不仅仅取决于原有知识、元素交互性和教学组织，它还取决于学习者自己是如何学习的。

对于这第三点，请考虑这样一个事实：所有的学生在任何时候都有一个无限的外部负荷来源。也就是说，他们可以简单地选择做白日梦或进行其他非任务思考，而不是专注于教师布置的任务。非策略性的白日梦（与有益的精神休息相反）使学生把注意力集中在与手头学习任务完全无关的信息上，而教师阻止这种行为的能力非常有限。鉴于此，很明显，一个人的动机和自我控制在他们所经历的总的认知负荷中起着重要的作用。（Eitel et al., 2020）从教师的角度来看，分心走神代表了学生的做法可能导致外部认知负荷增加，但教师也可以教给学生一些策略来减少外部认知负荷。

这是一个目前越来越受到关注的研究领域，一些研究表明，向学生讲授认知负荷效应可以帮助他们更有效地学习，即使是使用设计不良的学习材料。教导学生如何更好地管理自己的认知负荷所产生的有益影响被称为“自我管理效应”。（Mirza et al., 2020）

自我管理效应的研究

分散注意力。一些研究向学生提供了诱发分散注意力现象的学习材料，但也教了这些学生减少分散注意力现象的方法。这些研究表明，当学生被教导如何减少自己的分散注意力现象时，他们可以独立地整合学习材料，并提高学习效果。这种自我管理训练的好处也迁移到了新的学习材料中。（Roodenrys et al., 2012；Sithole et al., 2017）

冗余效应。另一项研究教一些学生在学习时识别和忽略多余信息的策略，研究发现这些学生能够忽略多余的信息，比对照组学得更多。（Eitel et al., 2019）还有一项针对小学生的研究，教小学生将学习材料中的信息分类为相关或不相关两组，然后只学习相关的信息。这样产生的学习效果与让学生接收预先准备好的无冗余的学习资源类似，而且在高度迁移的任务中带来了比使用无冗余学习资源更好的效果。研究者的结论是："教学习者去除冗余的信息，与由教师来把控材料的冗余程度有类似的教学增益。"（Mirza et al., 2020）[161]

这一领域的研究还处于早期阶段，但有很多选择来扩展这项工作。我在下一节中概述了这样的一些想法。

自我管理效应的一些想法

为了说明这一领域的未来研究方向，我整理了以下有趣的探索途径，这些途径可能会帮助学生成为更有效的学习者。在这些尝试中，我分享了自己的一些类似经历，以说明这些研究是如何帮助作为学习者的我的，以及它们可能为学生带来怎样的改变。

预先教学。我们可以向学生讲授长时记忆和工作记忆之间的关系，从而帮助他们理解原有知识的重要性。这样有助于激励他们完成预习，更努力地建立和保持持久的记忆，或帮助他们在上课前向老师询问相关的词汇（或搜索课本上的新词汇）。如前所述，对自身记忆系统的了解，促使我从根本上改变了自己的学习方法，即从信息管理转向知识管理。有趣的是，这种重心的转移反映在了我对认知负荷理论本身的研究方法上。在努力掌握本书的研究基础的同时，我使用了 Dendro[①] 软件来阅读、重读、分解、比较和区分相关文献。这种方法为我的大脑提供了一种与认知负荷理论相一致的方式，使我能够接触到文献中的关键思想，

① 2019 年，我遇到了乔治·佐尼奥斯（George Zonnios）。当时，乔治已经开始开发学习软件 Dendro（www.dendro.cloud），目的是利用有研究依据的原理来创造一种技术，帮助人们更有效、更愉快地学习。我立即看到了 Dendro 的前景，并加入了乔治的设计和开发工作（你可以在 https://www.ollielovell.com/errr/andymatuschakgeorgezonnios/ 上听到我们早期的一次讨论）。本书是在 Dendro 的帮助下写的第一本书，我们希望以后会有更多的作品。我们的使命是使个人和团队在自主学习方面更有成效。

并将它们整合到我的长时记忆中，使学习过程变得更加高效、愉快，并在整个过程中没有感受到太大的压力。我认为学生可以利用自己的记忆系统的相关知识，或与之相一致的技术，来更快更有效地掌握他们感兴趣的知识。

孤立元素（操纵重点）。我们可以教学生，当他们发现一项任务太难时，就不应该专注于试图一次完成所有的事情，而应该一次只专注于一件事。通过这种方式，他们可以对过于复杂、无法一蹴而就的学习任务进行自我管理。我在语言学习中就是这样做的。我目前正在学习德语，我很少关注语法，而是主要关注思想的交流，这也是我在学习中文时采取的方法。这种方法在学习的早期阶段起到了减少交互元素数量的奇妙作用。

冗余。当学生了解到同时接受相同的口语和书面信息会对他们的工作记忆造成干扰时，他们就可以有选择地只使用其中一个信息来源。自从了解了这种形式的冗余，我自己也开始这样做了。如果我注意到一个演讲者在演讲的同时在幻灯片上展示了类似的文字，我就会只聆听演讲，消除视觉上的冗余文字，在这个过程中我也会更享受演讲。

瞬态信息。在大学学习物理时，我和朋友们在完成作业时经常会遇到困难，然后我们会在办公时间拜访教师寻求帮助。在这样做的过程中，我注意到一个模式：我们走进办公室，问一个问题，教师会解释，我们会理解；然后当我们走出办公室时，我们就可能立即忘记教师所说的话！我从中学到的是：教师解释的短暂性可以通过掏出手机并记录解释来抵消。最近，我也开始记录自己的语言交流，不时回听，然后将其存入数字闪卡[①]。我们也可以这样教导学生，当面对瞬态信息和高元素交互性时，学生最好应该寻求以某种方式予以记录，以克服信息的瞬时性。

样例。我们可以简单地教学生，“当你无从下手时，找一个类似的样例”。正如教师所知道的，比较成功的学习者往往会这样做，但对一些不太成功的学习者来说，似乎并没有产生这种意识。如果学生知道自己应该而且能够寻找合适的样例，将有助于加快学习。

自由目标效应。早在 2017 年我们访谈时，我就向约翰·斯维勒提出了自我管理的自由目标方法。

洛维尔：我在想，你是否认为有可能让学习者自己把问题从有特定目标变成自由目标？例如，也许我们可以将一个一般的问题解决策略概念化为：“如果你认为自己对这道题目无从下手，那就应该找出问题所在。”然后说：“每隔五到十分钟，如果你发现自己已经解决了一些问题，你应该回头看看，想想你一开始试图达到的目标是什么。如果你知道怎么做，那太好了。如果你不

① 读者可以在这里找到我如何快速、轻松地将语言交流的录音存入数字闪卡的教程：https://www.ollielovell.com/ollielearns/make-most-language-exchange-anki-cards/。

知道，就继续探寻，找到更多的东西。”

斯维勒：这是个明智的方法。我们还没有这样做，但应该这样做。你应该试试。我觉得这样百利而无一害。

自由目标效应的自我管理的另一个应用是帮助学习者理解“过分关注目标可以让学生成功完成任务，但从中真正学到的东西很少”。这是我在写这本书的过程中意识到可以应用的一个原理。我最初计划了完成每一节的时间表，但我发现每一节的时限目标使我更关注按时完成和快速写作，而不是全面研究和深思熟虑。当我意识到这一点，我立即放弃了我的时限目标，转而专注于研究和写作过程，这使我可以放松且更能享受其中，并有望创作出更好的作品。

可以看出，在认知负荷理论的自我管理方法方面，存在许多有前景的研究点。作为教师，无论我们如何努力为学生优化教学，总会有一些障碍。学生可能会走神分心，班上学生的能力可能参差不齐，或者他们可能会去另一位老师的班上，去另一所学校，抑或进入高等教育，而在那里，教师并不具备你现在读完这本书后所具备的教学原理知识。鉴于此，我们能留给学生的最好的礼物之一，就是一套他们在未来的任何学习环境中都能使用的工具，以此来提高他们的学习能力。

教师能否教授一般领域的、生物学原发技能?

在第一部分的“认知负荷理论的基本原理”中，有人提出，认知负荷理论的许多支持者不相信生物学原发技能可以教授。对一些人来说，这似乎与本章到目前为止的建议不一致。我们难道不是已经进化到可以自我管理的程度了吗？难道人类不是天生就会学习的吗？

因此，“自我管理”和“学习”难道不是生物学原发技能？根据认知负荷理论，我们是不可以教它们的吗？我们怎样才能解决这个看起来令人费解的悖论呢？

经过大量的阅读和思考，我向约翰·斯维勒提出了这个悖论，以及我对其解决方案的一些想法。不出所料，斯维勒自己也曾思考过这个问题，并立即提出了一个建议的解决方案：不存在悖论。斯维勒认为，虽然学习和自我管理都是生物学原发技能，但认知负荷理论却不是，我们的进化不是为了学习这一理论及其影响。因此，虽然教授学生有关分散注意力的知识可能有助于自我调节学习这一生物学原发技能（正如本章所写的），但我们并不是直接教授自我调节学习，而是教授学生有关分散注意力效应的生物学次生知识。（Sweller, 2020）这类似于增加专门领域技能和生物学次生知识是帮助人们强化问题解决涉及的生物学原发知识和技能的途径。因此，这最后一节的关键信息得以更充分地凸显出来。**认知负荷理论不仅对教师具有强大的作用——正如本书所阐释的——而且对学习者也具有强大的作用。**

> 认知负荷理论不仅对教师具有强大的作用，而且对学习者也具有强大的作用。

在结束本节之前，我们最后再谈谈生物学原发技能的可教性。尽管认知负荷理论的一些支持者认为生物学原发技能是不需要教的，但他们并没有否认这些技能可以进一步发展。在上面提到的同一次讨论中，斯维勒还补充了以下内容：

让我们假设一个孩子出生后得到了身体上的照顾，但根本没有人跟他说话。这个孩子能学会听和说吗？显然不能。仅仅因为我们已经进化到可以获得一种技能的程度，并不意味着无论在什么情况下我们都会获得这种技能。这也不意味着我们一直不能改善条件来强化这些技能。（Sweller, 2020）

也就是说，虽然几位著名的认知负荷理论研究者断言我们无法教授生物学原发技能，但他们并不认为我们不能通过改善条件使生物学原发技能得到更充分的发展。这方面的一个很好的例子是：父母提供的丰富的对话环境可以使孩子们的语言技能得到提高。（Romeo et al., 2018）[707]

打个比方，虽然我们不能教一棵幼苗如何生长，但我们可以确保它有机会获得充足和肥沃的土壤，从而提高它能够充分实现其天生的、生物学主要潜力的机会。这些改善的条件还包括学校旨在专门为学生提供机会，以使其在一个适当的支持性环境中发展这些技能的计划[①]。

认知负荷理论，你怎么看？

我希望这本书能成为一个窗口，让你了解认知负荷理论在改善教学方面的潜力。我希望你现在能更好地理解学习的内在机制，并感到自己有能力比以前更清晰、更有效、更自信地指导学生。我希望这本书也能成为你在未来探索更多教育研究的基石，甚至可以促使你自己对这些令人兴奋的领域进行研究！

最后，我希望你现在能更好地思考我们在本书开始时引用的迪伦·威廉的话。你是否同意“斯维勒的认知负荷理论是教师要知道的最重要的一件事”？我很想知道你的想法！[②]

---

① 请参阅詹姆斯·曼尼恩和凯特·麦卡利斯特（Kate McAllister）所著的《恐惧是心灵杀手》(*Fear is the Mind Killer*)，以了解关于此类计划和举措的一些详细指导。

② 我始终欢迎读者的问题、评论、想法和反思。读者可以通过 ollie@ollielovell.com 联系我。

参考文献

ATKINSON R C, SHIFFRIN R M, 1968. Chapter: Human memory: A proposed system and its control processes[M]//SPENCE K W, SPENCE J T. Psychology of learning and motivation: Volume 2. New York: Academic Press: 89-195.

ATKINSON R K, DERRY S J, RENKL A, et al., 2000. Learning from examples: Instructional principles from the worked examples research[J]. Review of Educational Research, 70(2): 181-214.

ATKINSON R K, RENKL A, MERRILL M M, 2003. Transitioning from studying examples to solving problems: Effects of self-explanation prompts and fading worked-out steps[J]. Journal of Educational Psychology, 95 (4): 774.

BADDELEY A D, HITCH G, 1974. Working memory[M]//BOWER G H. Psychology of Learning and Motivation. New York: Academic Press.

BARTON C, 2020. Reflect, expect, check, explain: Sequences and behaviour to enable mathematical thinking in the classroom[M]. Woodbridge: John Catt Educational.

BENDER L, RENKL A, EITEL A, 2021. Seductive details do their damage also in longer learning sessions–When the details are perceived as relevant[J]. Journal of Computer Assisted Learning, 37(5): 1248-1262.

BERTHOLD K, EYSINK T H, RENKL A, 2009. Assisting self-explanation prompts are more effective than open prompts when learning with multiple representations[J]. Instructional Science, 37(4): 345-363.

BERTHOLD K, RENKL A, 2009. Instructional aids to support a conceptual understanding of multiple representations[J]. Journal of Educational Psychology, 101(1): 70.

BISRA K, LIU Q, NESBIT J C, et al., 2018. Inducing self-explanation: A meta-analysis. Educational Psychology Review. 30 (3), 703-725.

BOBIS J, SWELLER J, COOPER M, 1993. Cognitive load effects in a primary-school geometry task[J]. Learning and Instruction, 3 (1): 1-21.

BROWN A L, CAMPIONE J C, 1996. Psychological theory and the design of innovative learning environments: On procedures, principles, and systems[M]. New Jersey: Lawrence Erlbaum Associates, Inc.

BUSCH C, RENKL A, SCHWORM S, 2008. Towards a generic self-explanation training intervention for example-based learning[C]// Proceedings of the 8th International Conference of the Learning Sciences. Utrecht, Netherlands: ICLS.

CARPENTER S K, CEPEDA N J, ROHRER D, et al., 2012. Using spacing to enhance diverse forms of learning: review of recent research and implications for instruction[J]. Educational psychology review, 24 (3): 369-378.

CARPENTER S K, TOFTNESS A R, 2017. The effect of prequestions on learning from video presentations[J]. Journal of Applied Research in Memory and Cognition, 6 (1): 104-109.

CAVIGLIOLI O, 2019. Dual coding for teachers[M]. Woodbridge: John Catt Educational: 15.

CHANDLER P, SWELLER J, 1991. Cognitive load theory and the format of instruction[J]. Cognition and Instruction, 8 (4): 293-332.

CHASE W G, SIMON H A, 1973. Perception in chess[J]. Cognitive Psychology, 4(1): 55-81.

CHI M, GLASER R, REES E, 1982. Expertise in problem solving[M]// STERNBERG R.Advances in the psychology of human intelligence. Hillsdale: Lawrence Erlbaum.

CHI M T, FELTOVICH P J, GLASER R, 1981. Categorization and representation of physics problems by experts and novices[J]. Cognitive Science, 5(2): 121-152.

CHI M T, VAN LEHN K A, 2012. Seeing deep structure from the interactions of surface features[J]. Educational Psychologist, 47(3): 177-188.

CHO Y H, JONASSEN D H, 2012. Learning by self-explaining causal diagrams in high-school biology[J]. Asia Pacific Education Review, 13(1): 171-184.

CHRISTODOULOU D, 2017. Making good progress?: The future of assessment for learning[M]. Oxford: Oxford University Press-Children.

CLARK R C, NGUYEN F, SWELLER J, 2011. Efficiency in learning: Evidence-based guidelines to manage Cognitive Load[M]. New Jersey: Wiley & Sons.

CLARKE T, AYRES P, SWELLER J, 2005. The impact of sequencing and prior knowledge on learning mathematics through spreadsheet applications[J]. Educational technology research and development, 53 (3): 15-24.

COWAN N, 2001. The magical number 4 in short-term memory: A reconsideration of mental storage capacity[J]. Behavioral and Brain Sciences, 24(1): 87-114.

COYLE D, 2018. The culture code: The secrets of highly successful groups[M]. London: Bantam.

CRIPPEN K J, EARL B L, 2007. The impact of web-based worked examples and self-explanation on performance, problem solving, and self-efficacy[J]. Computers & Education, 49(3): 809-821.

DE CROOCK M B, VAN MERRIËNBOER J J, PAAS F G, 1998. High versus low contextual interference in simulation-based training of troubleshooting skills: Effects on transfer performance and invested mental effort[J]. Computers in Human Behavior, 14(2): 249-267.

EGLINGTON L G, KANG S H K, 2017. Interleaved presentation benefits science category learning[J]. Journal of Applied Research in Memory and Cognition, 6 (4): 475-485.

EITEL A, BENDER L, RENKL A, 2019. Are seductive details seductive only when you think they are relevant? An experimental test of the moderating role of perceived relevance[J]. Applied Cognitive Psychology, 33(1): 20-30.

EITEL ENDRES T, RENKL A, 2020. Self-management as a bridge between cognitive load and self-regulated learning: The illustrative case of seductive details[J]. Educational Psychology Review, 32(4): 1073-1087.

FERNANDES M A, WAMMES J D, MEADE M E, 2018. The surprisingly powerful influence of drawing on memory[J]. Current Directions in Psychological Science, 27(5): 302-308.

FOSTER C, 2019. The fundamental problem with teaching problem solving [J]. Mathematics Teaching, 265: 8-10.

GEARY D C, 2007. Educating the evolved mind: Conceptual foundations for an evolutionary educational psychology [M]// CARLSON J S, LEVIN J R. Educating the evolved mind: Conceptual foundations for an evolutionary educational psychology. Charlotte, NC: Information Age Publishing.

GORARD S, SIDDIQUI N, SEE B H, 2015. Philosophy for Children: Evaluation report and executive summary[J]. Education Endowment Foundation, Millbank, UK.

GRAY P, 1993. Engaging students' intellects: The immersion approach to critical thinking in psychology instruction[J]. Teaching of Psychology, 20(2), 68-74.

GROßE C S, RENKL A, 2007. Finding and fixing errors in worked examples: Can this foster learning outcomes?[J] Learning and instruction, 17(6): 612-634.

GUO P J, KIM J, RUBIN R, 2014. How video production affects student engagement: An empirical study of MOOC videos[C]//Proceedings of the first ACM conference on Learning: 41-50.

HASLER B S, KERSTEN B, SWELLER J, 2007. Learner control, cognitive load and instructional animation[J]. Applied Cognitive Psychology, 21(6): 713-729.

HEIMAN M, 1987. Learning to learn: A behavioral approach to improving thinking[M]//PERKINS D N, LOCHHEAD J, BISHOP J C. Thinking: The Second International Conference. Hillsdale, NJ: Lawrence Erlbaum Associates, Inc.

HILBERT T S, RENKL A, SCHWORM S, et al., 2008. Learning to teach with worked-out examples: A computer-based learning environment for teachers[J]. Journal of Computer-Assisted Learning, 24: 316-332.

HOCHMAN J C, WEXLER N, 2017. The writing revolution: A guide to advancing thinking through writing in all subjects and grades[M]. New Jersey: John Wiley & Sons.

HOLLINGSWORTH J R, YBARRA S E, 2017. Explicit Direct Instruction (EDI): The power of the well-crafted, well-taught lesson. Thousand Oaks, CA: Corwin Press.

HÜBNER S, NÜCKLES M, RENKL A, 2010. Writing learning journals: Instructional support to overcome learning-strategy deficits[J]. Learning and Instruction, 20(1): 18-29.

JIANG D, KALYUGA S, SWELLER J, 2018. The curious case of improving foreign language listening skills by reading rather than listening: An expertise reversal effect[J]. Educational Psychology Review, 30 (3): 1139-1165.

KALYUGA S, CHANDLER P, TUOVINEN J, et al., 2001. When problem solving is superior to studying worked examples[J]. Journal of Educational Psychology, 93(3): 579-588.

KARPICKE J D, 2017. Retrieval-based learning: A decade of progress[J]. Learning and Memory: A Comprehensive Reference (Second Edition): 487-514.

KING A, 1994. Guiding knowledge construction in the classroom: Effects of teaching children how to question and how to explain[J]. American Educational Research Journal, 31 (2): 338-368.

KORNELL N, BJORK R A, 2008. Learning concepts and categories: Is spacing the 'enemy of induction'? [J]. Psychological Science, 19 (6): 585-592.

KYUN S, KALYUGA S, SWELLER J, 2013. The effect of worked examples when learning to write essays in English literature[J]. The Journal of Experimental Education, 81(3): 385-408.

LEE C H, KALYUGA S, 2011. Effectiveness of different pinyin presentation formats in learning Chinese characters: A cognitive load perspective[J]. Language Learning, 61 (4): 1099-1118.

MANNION J, MCALLISTER K, 2020. Fear is the mind-killer[M]. Woodbridge: John Catt Educational.

MAYER R E, ANDERSON R B, 1992. The instructive animation: Helping students build connections between words and pictures in multimedia learning[J]. Journal of Educational Psychology, 84(4): 444.

MAYER R E, CHANDLER P, 2001. When learning is just a click away: Does simple user interaction foster deeper understanding of multimedia messages? [J]. Journal of Educational Psychology, 93(2): 390-397.

McELDOON K L, DURKIN K L, RITTLE-JOHNSON B, 2013. Is self-explanation worth the time? A comparison to additional practice[J]. British Journal of Educational Psychology, 83 (4): 615-632.

MILLER C S, LEHMAN J F, KOEDINGER K R, 1999. Goals and learning in microworlds[J]. Cognitive science, 23 (3): 305-336.

MILLER G A, 1956. The magical number seven, plus or minus two: Some limits on our capacity for processing information[J]. Psychological Review, 63(2): 81.

MIRZA F, AGOSTINHO S, TINDALL-FORD S, et al., 2020. Self-management of cognitive load: Potential and challenges[M]//TINDALL-FORD S, AGOSTINHO S, SWELLER J. Advances in cognitive load theory. New York: Routledge.

MOUSSA J, 2008. The impact of spoken English on learning English as a foreign language: A cognitive load perspective[M]. Lambert Academic Publishing.

MWANGI W, SWELLER J, 1998. Learning to solve compare word problems: The effect of example format and generating self-explanations[J]. Cognition and Instruction, 16(2): 173-199.

NAGY W, SCOTT J, 2000. Vocabulary processes[M]// KAMIL M L, MOSENTHAL P B, PEARSON P D, et al. Handbook of reading research. Mahwah, NJ: Erlbaum: 269-284.

NAKATA T, SUZUKI Y, 2019. Mixing grammar exercises facilitates long- term retention: Effects of blocking, interleaving, and increasing practice[J]. The Modern Language Journal, 103 (3): 629-647.

National Council of Teachers of Mathematics, 2000. Principles and standards for school mathematics. Reston, VA: NCTM. p. 52.

NUTHALL G, 2007. The hidden lives of learners[M]. Wellington: Nzcer Press.

OWEN E, SWELLER J, 1985. What do students learn while solving mathematics problems? [J]. Journal of Educational Psychology, 77 (3): 272.

OWENS P, SWELLER J, 2008. Cognitive load theory and music instruction[J]. Educational Psychology, 28 (1): 29-45.

PAIVIO A, 1990. Mental representations: A dual coding approach[M]. Abingdon: Oxford University Press.

PAIVIO A, 1991. Dual coding theory: Retrospect and current status[J]. Canadian Journal of Psychology/Revue canadienne de psychologie, 45 (3): 255.

PAN S C, TAJRAN J, LOVELETT J, et al., 2019. Does interleaved practice enhance foreign language learning? The effects of training schedule on Spanish verb conjugation skills[J]. Journal of Educational Psychology, 111(7): 1172.

PRESSLEY M, TANENBAUM R, MCDANIEL M A, et al., 1990. What happens when university students try to answer prequestions that accompany textbook material?[J]. Contemporary Educational Psychology, 15(1): 27-35.

PURNELL K N, SOLMAN R T, SWELLER J, 1991. The effects of technical illustrations on cognitive load[J]. Instructional Science, 20 (5-6): 443-462.

QUIGLEY A, 2018. Closing the vocabulary gap[M]. Abingdon: Routledge.

RENKL A, 1997. Learning from worked-out examples: A study on individual differences[J]. Cognitive Science, 21 (1): 1-29.

RENKL A, 2014. Toward an instructionally oriented theory of example-based learning[J]. Cognitive Science, 38 (1): 1-37.

RENKL A, EITEL A, 2019. Self-explaining: learning about principles and their application[M]// DUNLOSKY J, RAWSON K A. The Cambridge Handbook of Cognition and Education. Cambridge, Mass: Cambridge University Press: 528-549.

RENKL A, SOLYMOSI J, ERDMANN M, et al., 2013. Training principle-based self-explanations: Transfer to new learning contents[J]. Proceedings of the Annual Meeting of the Cognitive Science Society, 35(35): 1205-1210.

RITTLE-JOHNSON B, LOEHR A M, 2017. Eliciting explanations: Constraints on when self-explanation aids learning[J]. Psychonomic Bulletin & Review, 24 (5): 1501-1510.

RITTLE-JOHNSON B, LOEHR A M, DURKIN K, 2017. Promoting self-explanation to improve mathematics learning: A meta-analysis and instructional design principles[J]. ZDM, 49 (4): 599-611.

ROHRER D, 2012. Interleaving helps students distinguish among similar concepts[J]. Educational Psychology Review, 24(3): 355-367.

ROHRER D, DEDRICK R F, AGARWAL P K, 2017. Interleaving Mathematics Practice Guide. Available at: http://uweb.cas.usf.edu/~drohrer/pdfs/Interleaved_Mathematics_Practice_Guide. pdf.

ROHRER D, TAYLOR K, 2007. The shuffling of mathematics problems improves learning[J]. Instructional Science, 35 (6): 481-498.

ROMEO R R, LEONARD J A, ROBINSON S T, et al., 2018. Beyond the 30-million-word gap: Children's conversational exposure is associated with language-related brain function[J]. Psychological Science, 29 (5): 700-710.

ROODENRYS K, AGOSTINHO S, ROODENRYS S, et al., 2012. Managing one's own cognitive load when evidence of split attention is present[J]. Applied Cognitive Psychology, 26: 878-886.

ROSS B H, 1989. Remindings in learning and instruction[M]//VOSNIADOU S, ORTONY A. Similarity and analogical reasoning. Cambridge, Mass: Cambridge University Press: 438-469.

SCHOENFELD A H, 1985. Mathematical problem solving[M]. New York: Academic Press.

SCHWONKE R, RENKL A, KRIEG C, et al., 2009. The worked-example effect: Not an artefact of lousy control conditions[J]. Computers in Human Behavior, 25(2): 258-266.

SIMON D P, SIMON H A, 1978. Individual differences in solving physics problems[M]// SIEGLER R S. Children's thinking: What develops? New Jersey: Lawrence Erlbaum.

SITHOLE S, CHANDLER P, ABEYSEKERA I, et al., 2017. Benefits of guided self-management of attention on learning accounting[J]. Journal of Educational Psychology, 109(2), 220-232.

SPANJERS I A E, Van GOG T, Van MERRIËNBOER J J G, 2010. A theoretical analysis of how segmentation of dynamic visualizations optimizes students' learning[J]. Educational Psychology Review, 22: 411-423.

SULLIVAN P, GUNNINGHAM S,2011. A strategy for supporting students who have fallen behind in the learning of mathematics[C]//Biennial Conference of Australian Association of Mathematics Teachers 2011. Alice Springs: The Australian Association of Mathematics Teachers (AAMT) Inc: 719-727.

SWELLER J, 2016. Story of a Research Program[J]. Education Review, 23.

SWELLER J, 2020. Personal Communication.

SWELLER J, AYRES P, KALYUGA S, 2011. Cognitive Load Theory: Vol. 1[M]. New York: Springer: 22-23.

SWELLER J, CHANDLER P, 1994. Why some material is difficult to learn[J]. Cognition and Instruction, 12 (3): 185-233.

SWELLER J, CHANDLER P, TIERNEY P, et al., 1990. Cognitive load as a factor in the structuring of technical material[J]. Journal of Experimental Psychology:General, 119 (2): 176.

SWELLER J, COOPER G A, 1985. The use of worked examples as a substitute for problem solving in learning algebra[J]. Cognition and Instruction, 2 (1); 59-89.

SWELLER J, LEVINE M, 1982. Effects of goal specificity on means–ends analysis and learning[J]. Journal of Experimental Psychology: Learning, Memory, and Cognition, 8 (5): 463.

SWELLER J, VAN MERRIËNBOER J J, PAAS F, 2019. Cognitive architecture and instructional design: 20 years later[J]. Educational Psychology Review, 31: 261-292.

TARMIZI R A, SWELLER J, 1988. Guidance during mathematical problem solving[J]. Journal of Educational Psychology, 80 (4): 424.

TORCASIO S, SWELLER J, 2010. The use of illustrations when learning to read:A cognitive load theory approach[J]. Applied Cognitive Psychology, 24 (5): 659-672.

TRUMPOWER D L, GOLDSMITH T E, GUYNN M J, 2004. Goal specificity and knowledge acquisition in statistics problem solving: Evidence for attentional focus[J]. Memory & Cognition, 32(8): 1379-1388.

VAN GOG T, PAAS F, Van MERRIËNBOER J J, et al., 2005. Uncovering the problem-solving process: Cued retrospective reporting versus concurrent and retrospective reporting[J]. Journal of Experimental Psychology: Applied, 11(4): 237.

VAN MERRIËNBOER J J, KIRSCHNER P A, 2017. Ten steps to complex learning: A systematic approach to four-component instructional design[M]. Abingdon: Routledge.

VOLLMEYER R, BURNS B D, 2002. Goal specificity and learning with a hypermedia program[J]. Experimental Psychology, 49(2): 98.

VOLLMEYER R, BURNS B D, HOLYOAK K J, 1996. The impact of goal specificity on strategy use and the acquisition of problem structure[J]. Cognitive Science, 20(1): 75-100.

WARD M,SWELLER J, 1990. Structuring effective worked examples[J]. Cognition and Instruction, 7 (1): 1-39.

WILLIAM D, 2020. Personal Communication.

WILLINGHAM D T, 2009. Why don't students like school?: A cognitive scientist answers questions about how the mind works and what it means for the classroom[M]. New Jersey: John Wiley & Sons.

WONG R M F, LAWSON M J,KEEVES J, 2002. The effects of self-explanation training on students' problem solving in high-school mathematics[J]. Learning and Instruction, 12 (2): 233-262.

译后记

《学习的门道：探秘认知负荷理论》一书将提交教育科学出版社出版，我们有一些话想在译后记中交代，以供读者了解。

本书主要介绍由当代国际学习科学家约翰·斯维勒领衔研究的“认知负荷理论”在学校教学中的应用。该理论以我们对进化心理学和人类认知结构的认识作为教学设计的基础，是被广泛引用的教育心理学理论之一。斯维勒（1946—）是澳大利亚新南威尔士大学荣休教授，曾于1972年获得澳大利亚阿德莱德大学心理学系博士学位。1993年，当选为澳大利亚社会科学院（FASSA）院士。他撰写了180多篇学术论文，主要研究旨趣在于探讨教学设计中的认知因素，特别强调了工作记忆限制的教学含义及其对教学程序的影响，这就是“认知负荷理论”。斯维勒认为认知负荷理论是建立在人们如何学习的知识之上的一组教学建议，其基本主张就是为了提升学习效果，应尽力减少外部认知负荷，优化内部认知负荷。斯维勒大约是从20世纪80年代末开始涉足认知负荷理论研究的。

1999 年，斯维勒出版了一本专著《专业技术领域的教学设计》（*Instructional Design in Technical Areas*）。当时，我们从国家图书馆复印了此书后，觉得有点失望，其只是一本薄薄的教学设计著作（全书仅 168 页），所探讨的内容与加涅那样的主流教学设计专家完全不一样。该书介绍了他们的研究团队利用认知原理和大量实验得出的各种教学设计结果，所提出的建议是基于 20 年来所发表的客观研究成果。虽然这些研究侧重于技术领域，但研究结果可以很容易地应用于一系列基于语言的非技术领域。书中主题包括与教学设计相关的认知架构、认知负荷理论、与学习解决问题相关的教学设计，以及混合视听材料。全书共分八章，分别是：（1）我们的认知架构；（2）元素交互性和内部认知负荷；（3）认知负荷理论；（4）与学会解决问题相关的教学设计；（5）文本和图示的样式：样例和分散注意力效应；（6）文本和图示的样式：预先教学、分散注意力效应和冗余效应；（7）视听材料的融合；（8）认知加工对教学过程的一些影响。显然，该书奠定了认知负荷理论研究的一些重要方面。可惜我们不了解这些学术动向，没有将这些新研究看成教学设计转型的代表之一，轻易放过了。

斯维勒出版他的代表作，时间上是比较晚的。一直到 2011 年，他才与艾瑞斯和卡柳加合作出版了《认知负荷理论》（*Cognitive Load Theory*）。全书共分四编 18 章，主要涉及人类认知架构、认知负荷类别、认知负荷效应等方面，这本 274 页的专著全面反映了 25 年里认知负荷理论与实验研究的发展成果。此外，在 2005 年，斯维勒还同著名教学设计专家克拉克等人合作，出版了《学习的效能：调控认知负荷的循证指南》（*Efficiency in Learning: Evidence-based Guidelines to Manage Cognitive Load*）。这本书也主要探讨如何根据工作记忆的特征来改进教学设计。

当代学习科学大家理查德·梅耶曾经说过，认知负荷理论是 20 世纪末以来最靠谱的教育研究成果。他自己在研究多媒体学习与教学时，也提出了许多条多媒体教学设计原理，其中大部分都是同认知负荷理论研究有关的。另外，像综合学习设计的倡导者范梅里恩伯尔的研究也同认知负荷理论息息相关。

不过，很可惜的是，我们一直想引进一本有关认知负荷理论的书供广大教师参考，却迟迟没有实现。这主要是因为相关研究理论性比较强，教师理解起来有点困难。

机缘来自本书的出版。本书是约翰·卡特教育出版公司教育理论研究"应用系列图书"中的一本，其作者奥利弗·洛维尔是一名高中教师，2017 年毕业于墨尔本大学。作为"教育研究阅览室"播客的创作者和制作人，洛维尔致力于梳理从基础教育理论到课堂准备策略的内容。认知负荷理论提出者斯维勒在本书序言里说："几年前，我第一次见到了身为高中教师的奥利弗·洛维尔。他请求采访我，以便在他的博客上发表文章……但他的不同寻常之处在于他对认知负荷理论的相关文献相当熟悉。”“洛维尔不仅熟悉认知负荷理论，而且还是一位出色的作家，善于将复杂的概念转换成容易理解的叙述。”正如斯维勒所言，本书中大量的学科实例充分降低了读者学习认知负荷理论的难度。

本书分为三部分，第一部分聚焦“是什么”，第二、三部分聚焦“怎么做”。在第一部分中，作者通过“ABCDE”的方式清晰地解读了什么是认知负荷理论。A（Architecture）——架构部分先说明了人类记忆的认知结构，即我们记忆系统的三个组成部分：环境（无限）、长时记忆（无限）、工作记忆（有限）。B（Biology）——生物学部分探讨了生物学原发知识和次生知识的差异，回答了“什么需要教”的问题。C（Categorisation）——归类部分清楚地区分了内部和外部认知负荷，指出内部认知负荷是与发生的核心学习相关的负荷，是我们希望学生的工作记忆被占用的负荷；外部认知负荷来自教学的方式和结构，将学生的工作记忆资源从要学习的核心信息中抽离出来。D（Domains）——领域部分回答了何为专家，区分了一般领域与专门领域的知识和技能。在翻译这段时，我们觉得特别有意思的一个结论是：“在某一个专门领域，新手和专家的主要区别在于，专家拥有更多相关的专门领域知识。”最后，E（Elements）——元素部分通过揭示元素的交互性，说明了认知负荷的来源。作者根据认知负荷理论的“ABCDE”总结的基本建议是：为了提升学习效果，必须做到优化内部认知负荷，减少外部认知负荷。

在第二部分和第三部分，作者针对如何优化内部认知负荷和减少外部认知负荷，列举了大量实例来进行说明。第二部分中，作者就如何优化内部认知负荷总结了几个方面：预先教学、切块教学、排序和组合、专长逆反效应。其中很多实例让我们豁然开朗，比如马拉松训练的例子表明学生对一个分段技能的练习往往看起来与最终的表现大相径庭。第三部分同第二部分类似，旨在说明如何减少外部认知负荷。作者从打磨表征方式（冗余、分散注意力、瞬态信息以及通道效应）和安排练习（样例、自我解释和自由目标效应）两方面列举了减少外部认知负荷的方式。其中的很多实例可以直接回答我们常常遇到的问题。比如，微课应该在多长时间比较合适？在瞬态信息部分你将找到最优长度为 6 分钟等科学结论。作者还特意将容易混淆的概念做了对比强调。比如，作者对比通道效应和双重编码，说明通道效应与教学中的认知负荷有关，而双重编码指的是教学后知识在长时记忆中的表征。

正如在全书最后的结语部分作者提到的那样，认知负荷理论不仅在教师手中有威力，在学习者手中也有威力！这给了我们这些终身学习者一个很好的建议。此外，书中提到作者的网站

（https://www.ollielovell.com/about/）还有特别多的学习科学的应用例子。

本书开篇引用了迪伦·威廉的话："我得出的结论是，斯维勒的认知负荷理论是教师要知道的最重要的一件事。"当前我国正在大力落实"双减"，以减轻过重的作业负担和校外培训负担；通过阅读本书来了解认知负荷的类别、来源，以及优化内部认知负荷和降低外部认知负荷的方式方法，对"双减"的落实不无裨益。

本书由浙江大学海洋学院副教授、博士生导师李爽翻译初稿，由浙江大学教育学院盛群力教授校译。衷心感谢教育科学出版社池春燕、颜晴和杜翀编辑的精心编校。本书的翻译尚有不足之处，请读者予以指正！

盛群力　李　爽

出 版 人　郑豪杰
策划编辑　池春燕　颜　晴
责任编辑　颜　晴
版式设计　锋尚设计　孙欢欢
责任校对　马明辉
责任印制　叶小峰

图书在版编目（CIP）数据

学习的门道：探秘认知负荷理论 /（澳）奥利弗·洛维尔著；李爽，盛群力译. —北京：教育科学出版社，2024.5
（新学习 / 新教学译丛 / 盛群力，滕梅芳主编）
书名原文：Sweller's Cognitive Load Theory in Action
ISBN 978-7-5191-3607-9

Ⅰ. ①学…　Ⅱ. ①奥…②李…③盛…　Ⅲ. ①课堂教学—教学研究　Ⅳ. ① G424.21

中国国家版本馆 CIP 数据核字（2023）第 230401 号

新学习 / 新教学译丛
学习的门道：探秘认知负荷理论
XUEXI DE MENDAO: TANMI RENZHI FUHE LILUN

出版发行	教育科学出版社		
社　　址	北京·朝阳区安慧北里安园甲 9 号	**邮　　编**	100101
总编室电话	010-64981290	**编辑部电话**	010-64981265
出版部电话	010-64989487	**市场部电话**	010-64989009
传　　真	010-64891796	**网　　址**	http: //www.esph.com.cn

经　　销	各地新华书店		
制　　作	北京锋尚制版有限公司		
印　　刷	北京广达印刷有限公司		
开　　本	890 毫米 ×1240 毫米　1/32	**版　　次**	2024 年 5 月第 1 版
印　　张	6.75	**印　　次**	2024 年 5 月第 1 次印刷
字　　数	109 千	**定　　价**	39.00 元

Authorized translation from the English language edition, entitled:
Sweller's Cognitive Load Theory in Action
By Oliver Lovell

Originally published in 2020 by John Catt Educational. Email: enquiries@johncatt.com
This translation of "Sweller's Cognitive Load Theory in Action" is published by arrangement with John Catt Educational.

北京市版权局著作权合同登记　图字：01-2023-5945号